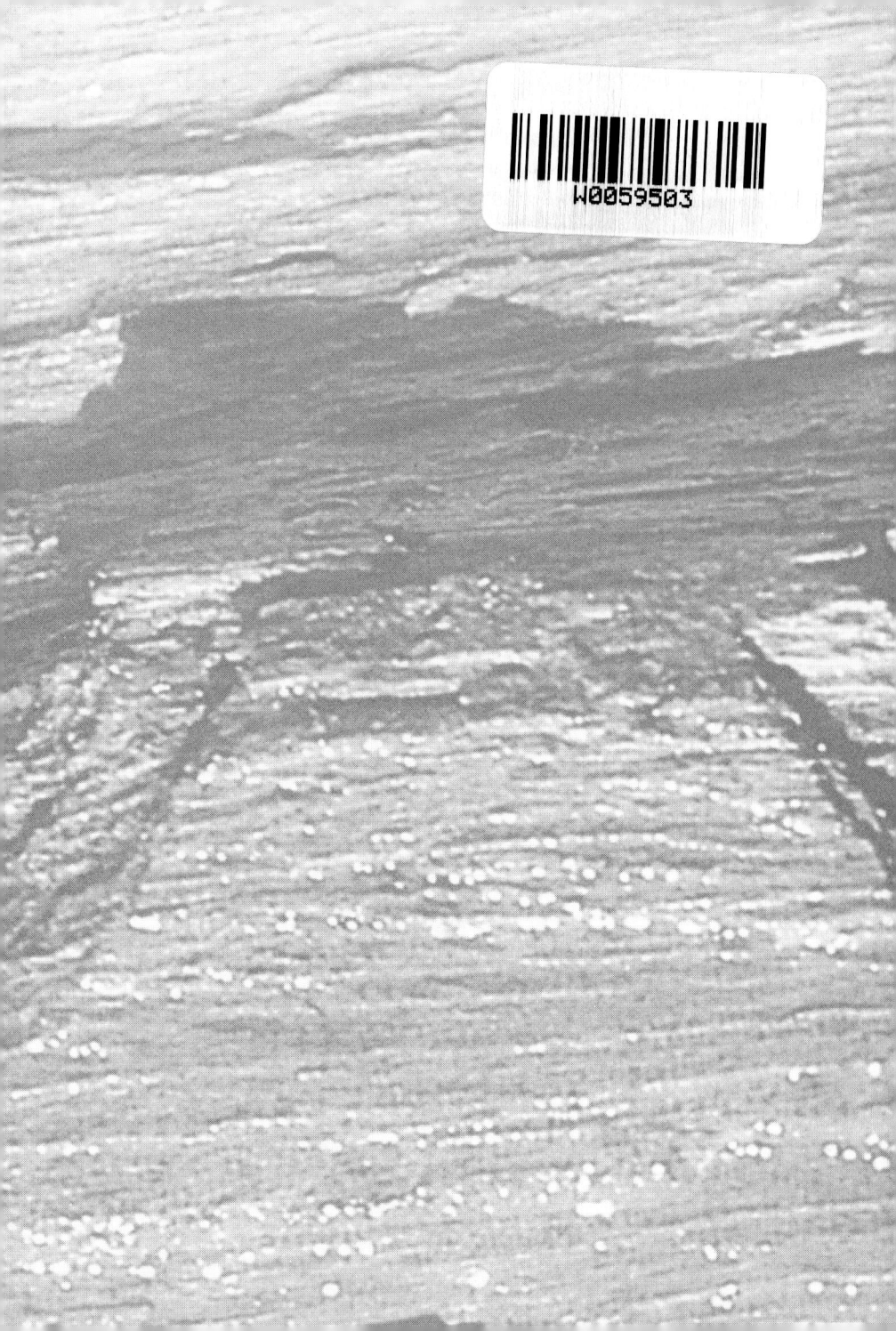

Andrea
Pabel

Der sanfte Umgang
mit Pferden

WISSEN
RUND UM
PFERDE

Die Deutsche Bibliothek – CIP-Einheitsaufnahme

Pabel, Andrea:
Der sanfte Umgang mit Pferden / Andrea Pabel. [Zeichn.:
Angelika Gmeinwieser]. – München : F. Schneider, 1995
   (Wissen rund um Pferde)
   ISBN 3-505-10105-2

Dieses Buch wurde auf chlorfreies,
umweltfreundlich hergestelltes
Papier gedruckt.

© 1995 by Franz Schneider Verlag GmbH
Schleißheimer Straße 267, 80809 München
Alle Rechte vorbehalten
Titelfoto: Uta Over
Umschlaggestaltung: Claudia Wolfrath
Zeichnungen: Angelika Gmeinwieser
Lektorat: Carola Nowak
Herstellung/Satz: FIBO Lichtsatz GmbH, München
Druck/Bindung: Ludwig Auer GmbH, Donauwörth
ISBN: 3-505-10105-2

INHALT

Zu diesem Buch

Als ich elf Jahre alt war, las ich ein Buch, das mich zutiefst beeindruckt hat. Es handelte von einem Pony, das nachts, wenn es im Stall still war, den anderen Pferden von seinem Reiter und von seinen Erlebnissen während des Tages berichtete. Nachdem ich dieses Buch gelesen hatte, war ich mir sicher, daß Pferde sich miteinander verständigen können – und daß sie viel mehr verstehen, als die meisten Erwachsenen annehmen.

Viele Jahre später weiß ich nun, daß die Pferde tatsächlich miteinander kommunizieren – und daß es auch eine ganz besondere Art der Verständigung zwischen Menschen und Pferden gibt. Sie bewirkt, daß Dein Pferd gerne mit Dir zusammenarbeitet. Die Voraussetzung dafür ist, daß Du Dein Pferd als eigenständiges und einzigartiges Wesen anerkennst – auch wenn es Probleme hat und Dir Schwierigkeiten macht.

Hast Du nicht auch manchmal vor etwas Angst, bist eigensinnig oder verwirrt? Gibt es nicht auch Tage, an denen Du Dich nicht ganz wohl fühlst?

Ich glaube, daß es den Pferden genauso geht und daß sie sich deshalb oft weigern, etwas zu tun, das wir von ihnen verlangen.

Es gibt viele Ausbildungsmethoden, die lehren, ein Pferd

einfach mit der Peitsche zu schlagen oder etwas härter an-
zupacken, wenn es sich widersetzt. Viele Menschen glauben, daß man über die Pferde herrschen muß, weil sie
sonst Widerstand leisten.

Im Laufe meines Lebens habe ich gelernt, daß man mit
Pferden auch anders umgehen kann. Wenn wir sie mit
Respekt und Freundlichkeit behandeln und ihnen klare
Anweisungen geben, arbeiten die Pferde gerne mit.

Darum freue ich mich über jeden Schritt, der dazu bei-
trägt, ein echtes Vertrauensverhältnis zwischen Dir und
Deinem Pferd aufzubauen. Andrea Pabel, die ich seit langem kenne, die mit mir zusammenarbeitete und mein
Buch „Die Persönlichkeit Ihres Pferdes" ins Deutsche über-
setzte, stellt hier einfache Übungen vor, die jeder leicht
selbst ausprobieren kann. Wenn Du Dein Pferd besser
verstehst, kannst Du auf eine ganz neue Art mit ihm umgehen – und die Freundschaft zwischen Dir und Deinem
vierbeinigen Partner wird sich vertiefen!

Linda Tellington-Jones

Beziehungen zwischen Menschen und Pferden

Ich wuchs mit Fotos meiner Mutter auf, die im eleganten schwarzen Reitrock mit kunstvoll hochgesteckten Haaren im Damensattel auf einem Schimmel Dressurlektionen ritt. Ihr habe ich es auch zu verdanken, daß ich im Alter von fünf Jahren endlich in die Reitschule gehen und reiten lernen durfte.

Im Lauf der Jahre stellte sich heraus, daß ich zwar die Pferdeliebe meiner Mutter, nicht aber ihren sportlichen Ehrgeiz geerbt hatte. Auch heute noch reite ich lieber aus, als auf Turniere zu gehen.

Und trotzdem: Ich bin froh, eine solide Grundausbildung mit auf den Weg bekommen zu haben, ehe ich zu meinem großen Glück mit zwölf Jahren mein erstes eigenes Pferd, die Islandstute Freica, bekam. Ihr bin ich bis heute noch dankbar. Schon von klein auf hatte ich nämlich den Spitz-

Beziehungen
zwischen Menschen und Pferden

Um eine Beziehung zu einem Pferd aufbauen zu können,
muß man viel über sein Wesen wissen

namen „Wutnickel" weg, und zwar zu Recht. Ich war aufbrausend, ungerecht und ausgesprochen jähzornig. Doch was keine elterlichen Erziehungsversuche und auch kein Schimpfen je erreicht hatten, Freica schaffte es. Sie brachte mir mit bewundernswerter Geduld und Nachsicht bei, mich zu beherrschen, meine Fehler einzusehen und für andere Verständnis aufzubringen.

Mit siebzehn begann ich Feldenkraisunterricht zu nehmen, und nach dem Abitur verbrachte ich als Schülerin von Karlfried Graf Dürckheim ein Jahr im Schwarzwald. Er hatte lange in Japan gelebt und brachte als einer der ersten den Zen-Buddhismus nach Europa. Er arbeitete mit mir und meiner Islandstute Lia und vermittelte mir, was er unter „Hara-Übungen zu Pferde" verstand: Übungen auf dem Pferderücken, die zu innerem Gleichgewicht und zu Harmonie mit dem Pferd führen. „Hara" ist ein Begriff aus dem Japanischen, der für die Mitte und das Zentrum des Menschen steht. In vielen der östlichen Kampfkünste geht es darum, diese Mitte zu finden und zu bewahren.

Das war nun Reiten unter einem ganz anderen Gesichtspunkt, als ich es bisher gekannt hatte. Und es machte Spaß! Karlfried nannte mich die „Andrea mit dem Pferd", und nach ein paar Monaten gab ich dort im Schwarzwald auch anderen Schülern Unterricht.

Diese Erfahrung brachte mich darauf, beruflich etwas mit Pferden und Menschen zu machen. Nur was? Eine normale Reitlehrerausbildung war nicht das Richtige für mich, das wußte ich. Ich wollte ja keine Turnierreiter heranziehen, sondern Menschen helfen, wirklichen Kontakt und eine Beziehung zu sich selbst und ihren Pferden zu bekommen. Natürlich hatte ich jahrelang die Zeitschrift „Freizeit im Sattel" gelesen, und Linda Tellington-Jones war mir ein Begriff. So rief ich Roger Russel an, einen Freund von Linda, bei dem ich Feldenkraisunterricht genommen hatte. „Linda fängt bald ein neues Ausbildungsprogramm an", sagte er und gab mir Lindas Telefonnummer. Und dann ging alles sehr schnell. Vier Wochen später saß ich mit meinem Sattel im Gepäck im Flugzeug nach Kalifornien. Endlich hatte ich eine Art des Umgangs mit Pferden entdeckt, die ich von ganzem Herzen gutheißen konnte!

Linda Tellington-Jones ist die Begründerin der **TTEAM-Methode. Sie verband ihre Erfahrung als Reitlehrerin, Trainerin und Ausbilderin von Pferd und Reiter mit der Feldenkraismethode und entwickelte daraus ihre eigene Methode, die sie heute in der ganzen Welt unterrichtet. Ihre Arbeit bewirkt eine positive Entwicklung der Persönlichkeit und des Verhaltens des Pferdes und steigert dadurch auch seine Leistungsfähigkeit. Linda arbeitet erfolgreich mit Problempferden, mit Pferden aus Olympiamannschaften und aus allen Bereichen der Reiterei – aber auch mit vielen anderen Tieren.**

Ohne die Ausbildung bei Linda wäre dieses Buch bestimmt nicht entstanden. Ich bin ihr sehr dankbar für alles, was ich von ihr gelernt habe, für ihre fortwährende Unterstützung und ihr Vorwort zu diesem Buch.

Auch die intensive Arbeit mit Charlotte Selver und die Beschäftigung mit dem „Sensory Awareness" hat mich stark geprägt, und ich verdanke Charlotte Selver sehr viel. Bei ihrer Arbeit geht es darum, seinen Körper wirklich zu spüren und seine Sinne bewußter wahrzunehmen.

1982 machte ich dann die Feldenkraisausbildung. Moshe Feldenkrais' Gedankengut und die Feldenkraismethode sind die Basis meiner Arbeit.

Die Feldenkraismethode wurde von dem israelischen Physiker Moshe Feldenkrais entwickelt. Feldenkraisunterricht gibt es in Gruppen (Bewußtheit durch Bewegung) und in Einzelstunden (Funktionale Integration). Aufgabe des Lehrers ist es, seinem Schüler zu Lernerfahrungen zu verhelfen. Der Schüler kann sich seiner gewohnheitsmäßigen Bewegungsmuster bewußt werden und neue Möglichkeiten der Bewegung entdecken. So kann man lernen, sich bewußter, besser und leichter zu bewegen. Auf der ganzen Welt nehmen Musiker, Sportler, Behinderte und viele andere, die die Qualität ihrer Bewegungen verbessern möchten, Feldenkraisunterricht.

Ich gebe seit vierzehn Jahren Kurse und unterrichte in Amerika und Europa. Immer wieder sind in meinen Kursen junge Teilnehmer, die beklagen, daß es über diese Themen fast nur Bücher für Erwachsene gibt. Nachdem ich schon viele Kinder- und Jugendbücher geschrieben hatte, beschloß ich endlich, einen Leitfaden zur Körperarbeit, zum verbesserten Verständnis der Pferde und zum sanften Umgang mit ihnen zu schreiben. Ich hoffe, daß dir dieses Buch eine Grundlage von Wissen, Ideen und Anregungen geben wird, auf der du eine gute, für beide Teile bereichernde Beziehung zu deinem Pferd aufbauen kannst.

DAS PFERD –
MEHR ALS EIN SPORTGERÄT

Dieses Buch ist für alle geschrieben, die eine Beziehung zu ihrem Pferd aufbauen oder vertiefen möchten! Für Menschen, denen es nicht genügt, sich auf das gesattelte Pferd zu schwingen und eine Stunde zu reiten, um das Pferd anschließend im Stall abzustellen wie ein Sportgerät. Dies ist ein Buch für diejenigen, denen es nicht in erster Linie um Schleifen, Turniere und Leistung geht, sondern die ihr Pferd verstehen wollen und es nicht behandeln wie eine Maschine, die lediglich Mittel zum Zweck ist.

Leider besteht für viele Menschen der Zweck des Reitens in möglichst großer Leistung, oft auf Kosten des Pferdes. Ich habe selbst schon auf der Rennbahn Pferde gekauft, deren Besitzer nicht einmal die Namen der Vierbeiner kannten. Die Pferde waren einfach eine Geldanlage, hatten sich verletzt und sollten nun „abgestoßen" werden: Von einer Beziehung kann da nicht die Rede sein.

Natürlich hat sich das Verhältnis, das wir Menschen heutzutage zu Pferden haben, gegenüber früheren Zeiten grundlegend geändert. Früher waren wir auf Pferde angewiesen. Ein Bauer, der mit seinen Pferden arbeitete, beschäftigte sich viele Stunden am Tag mit ihnen. Er fütterte sie selbst, und er kannte seine Pferde genau, sie waren seine unabkömmlichen Helfer. Er war auf sie angewiesen, um seine Arbeit verrichten zu können. Oft hing das Einbringen der Ernte von den Pferden ab. Das Leben der Familie war also eng mit dem Leben der Pferde verknüpft. Das enge Zusammenleben von Menschen und Pferden gab es sicher auch in den Kriegen, in denen leider viele Pferde eingesetzt wurden. So ähnlich war das Verhältnis der Hirtenvölker zu ihren Pferden – ähnlich wie bei allen Menschen, die auf ihre Pferde angewiesen waren, um zu überleben.

Heute haben Maschinen und moderne Technik die Pferde größtenteils ersetzt. Pferde sind kaum mehr Arbeitstiere, sondern vielmehr Sport- und Freizeitpartner. Wir haben keine Pferde mehr, weil wir sie zur Arbeit brauchen, sondern wir halten sie zum Vergnügen. Das hat es in der Geschichte der Pferde und der Menschen noch nie gegeben. Leider hat es wohl auch noch nie so viele Pferdebesitzer gegeben, die ihre Pferde fast nicht kennen, die sie vielleicht einmal am Tag oder einmal in der Woche sehen und sie in Boxen oder Ständern völlig entgegen ihren natürlichen Bedürfnissen halten. Unter solchen Umständen kann man gar keine Beziehung zu seinem Pferd haben.

**Die Berührung
ist eines der wichtigsten
Kommunikationsmittel
zwischen Mensch und Pferd**

WAS IST DAS ÜBERHAUPT –
EINE BEZIEHUNG?

„Eine Beziehung zu einem Pferd?" werde ich manchmal staunend gefragt. „Ist das denn möglich? Pferde sind doch dumm, können nicht sprechen und haben keine Gefühle!" So denken leider viel zu viele Menschen. Meist, weil sie sich nicht genug mit ihren Pferden beschäftigen und sie nicht gut genug kennen. Natürlich können Pferde nicht so sprechen wie wir. Aber sie können sich durchaus verständlich machen und benutzen dazu ihre Körpersprache – nur sind es meist die Menschen, die diese Sprache nicht verstehen!

Um eine Beziehung herzustellen, muß man miteinander kommunizieren können; das ist die Basis einer Beziehung. Die Kommunikation kann durch Worte, Blicke, Laute, Bewegungen und Berührungen erfolgen.

In diesem Buch wird viel die Rede davon sein, wie du dich deinem Pferd mit den Händen verständlich machen kannst. Berührung ist nämlich eines der wirksamsten und unmißverständlichsten Mittel der Kommunikation.
Vielleicht hast du ja sogar ein eigenes Pferd. Möglicherweise auch ein Pflegepferd oder eine Reitbeteiligung, oder du reitest einfach bei Bekannten oder im Reitstall. Bestimmt hast du ein Lieblingspferd oder mehrere Lieblingspferde.

Auf alle Fälle solltest du dir viel Zeit nehmen, „dein" Pferd wirklich gut kennenzulernen, wenn es dein Freund werden soll.

Die TTEAM-Methode wurde von Linda Tellington-Jones entwickelt. TTEAM ist die Abkürzung für zwei Begriffe:
1. „The Tellington Jones Equine Awareness Method".
   Das heißt auf deutsch in etwa: „Bewegungen und Übungen nach Tellington-Jones, durch die das Pferd sich seiner selbst bewußter wird."
2. „The Tellington Jones Every Animal Method": „Die Tellington-Methode für alle Tiere."
Das TT steht für den „Tellington Touch". Dies ist ein System von kreisförmigen Bewegungen bei der Körperarbeit. Da der TTouch zur TTEAM-Arbeit gehört, wird auch dieser mit einem doppelten „TT" geschrieben.
Der Begriff TTEAM drückt auch das Ziel von Lindas Arbeit aus: Mensch und Tier sollen wirklich als Team miteinander arbeiten, sich verständigen, gemeinsam lernen und sich weiterentwickeln.

Das
Kennenlernen

Stell dir vor, du bekommst Besuch von einem Mädchen aus einem fremden Land. Sie spricht eine Sprache, die du nicht verstehst. Sie lebt unter anderen Voraussetzungen, in einer anderen Kultur, nach anderen Regeln und Gesetzen. Eure Vorstellungen von der Welt sind unterschiedlich, das Mädchen aus dem fremden Land sieht die Welt mit völlig anderen Augen als du.

Nun hast du es dir zum Ziel gesetzt, ihre Freundin zu werden. Wie machst du das? Zuerst einmal müßtest du mit Hilfe eines Dolmetschers viel über ihr Leben erfahren, nicht wahr? Denn wenn du nichts über sie weißt, kannst du sie schlecht verstehen. Und bei Freunden ist ja gerade das sehr wichtig.

Mit Pferden verhält sich das nicht viel anders. Ob es nun dein eigenes Pferd ist, eines im Reitstall oder eines, das du

Das Kennenlernen

Du kannst viel über dein Pferd erfahren, wenn du mit den Händen sanft
über seinen Körper fährst

nur irgendwo auf der Koppel siehst – versuche, möglichst viel über es herauszufinden! Manches kannst du beobachten, anderes wirst du erfragen müssen. Ich komme mir dabei oft wie ein Detektiv vor, der sich an die Arbeit macht. Hier sind ein paar Fragen, die ich mir immer stelle, wenn ich ein neues Pferd kennenlerne:

- Wie wird dieses Pferd gehalten? Lebt es in einem Offenstall, in einer Box, im Ständer? Darf es jeden Tag hinaus?
- Hat es Freunde? In jeder Herde gibt es unter den Pferden Freundschaften. Mit welchen Pferden versteht sich das Pferd besonders gut? Mit welchen gar nicht?
- Wo ist sein Platz in der Rangordnung? Das kann man beim Füttern besonders gut feststellen. Da kommt nämlich der Herdenchef zuerst an die Reihe, und dann folgen die anderen der Rangordnung nach. Bei einem Boxenpferd kann man das schlecht sagen, aber du wirst doch vielleicht sehen, daß es nach einem Pferd immer schnappt und ein anderes mit einem freundlichen Schnauben begrüßt.
- Wie alt ist das Pferd? Wie ist es aufgewachsen? Wie wird es geritten oder gefahren? Muß es schwer arbeiten, oder wird es nur leicht belastet?
- Ist es krank oder gesund? Hat es Ekzem?
- Wie ist seine Einstellung Menschen gegenüber? Kommt es freudig auf den Menschen zu, oder läßt es sich nicht fangen?

- Was für eine Persönlichkeit hat das Pferd? Ist es furchtsam oder mutig? Scheut es leicht, ist es aggressiv oder sanft? Ist es temperamentvoll oder eher faul? Arbeitet es gerne mit, oder ist es eigensinnig?
- Ist es erfinderisch, macht es Knoten und Stalltüren auf?
- Hat das Pferd Schmerzen? Lahmt es?

Anhand der Antworten auf diese Fragen kannst du dir ein etwas genaueres Bild von deinem Pferd machen. Manchmal weiß man aber nur wenig über ein Pferd und kann über seine Vergangenheit nicht viel erfahren. Ich habe mir schon oft gewünscht, daß Pferde ihre Geschichte erzählen könnten. Ich glaube, daß wir uns häufig viel zuwenig in die Lage des Pferdes hineinversetzen und viel zu oft von uns ausgehen. Denn die Pferde sind anders als wir und haben andere Bedürfnisse. Gerade aus einem falsch verstandenen Vermenschlichen heraus werden Pferde oft unnatürlich gehalten. Weil *wir* es draußen kalt finden, müssen die Pferde in den Stall, in eine „schöne" warme Box mit Messingbeschlägen, und bekommen vielleicht sogar noch eine Decke aufgelegt. Dabei würden sich die meisten Pferde draußen in der Herde wohler fühlen, und hübsche Messingbeschläge sind ihnen wohl recht egal! Sie brauchen vor allem Bewegung und einen trockenen, zugfreien Platz zum Unterstellen.

Um aber von den Bedürfnissen eines Pferdes ausgehen zu können, mußt du diese natürlich erst einmal kennen. Dazu stellen sich dir hier drei verschiedene Pferde in ganz unterschiedlichen Lebenssituationen vor. Ich habe mir erlaubt, für sie zu „dolmetschen".

TESS, DAS WILDPFERD

„Ich heiße Tess und lebe mit meiner Herde in Nevada in einem Reservat für Wildpferde. Unsere Familie besteht aus acht Mitgliedern. Da gibt es unsere Leitstute. Sie sucht die besten Futterplätze für uns aus und führt uns an, wenn wir vor einer Gefahr davonlaufen müssen. Manchmal ist sie auch etwas ruppig. Natürlich darf sie als erste fressen und trinken, auch ihr Fohlen hat diesen Vorrang.
Bila, die Fuchsstute, kommt als nächste in der Rangordnung, danach die große Schimmelstute mit ihrem Fohlen. Aber über dem Fohlen stehe noch ich, weil ich ein Jahr älter bin. Unser Leithengst bewacht uns und verteidigt uns gegenüber Angreifern.
Wenn die Leitstute erschrickt, wirft sie den Kopf hoch und schaut sich um. Wir anderen machen ihr das alle nach. Auf ihr Signal hin rennen wir dann los, so schnell wir können. Bei einer Flucht bleibt der Leithengst hinter uns und deckt uns den Rücken, während die Leitstute uns anführt. Solange die beiden ruhig sind, droht keine Gefahr, und ich bin ganz gelassen, denn sie passen ja auf uns auf.
Wir ziehen den ganzen Tag herum, fressen und trinken, und manchmal spielen wir auch. Meine beste Freundin ist

Das Kennenlernen

In Wildpferde-Reservaten
leben die Pferde noch heute
wie ihre Vorfahren
vor Jahrtausenden

die kleine braune Stute Sascha. Wir stehen oft zusammen und putzen uns das Fell mit den Zähnen. Im Sommer stehen wir Kopf an Schweif und wedeln uns gegenseitig die Fliegen aus dem Gesicht. Meist grasen wir Seite an Seite, und ab und zu veranstalten wir ein kleines Rennen.

Im Winter wächst mir ein dichtes Fell, damit es mir nicht kalt wird. Manchmal sind die Schneestürme sehr heftig, aber wir stehen dann in einer geschützten Mulde und warten, bis das schlechte Wetter vorbei ist.

Ab und zu kommen Menschen zu uns und jagen uns herum. Ich habe dann immer sehr viel Angst. Sie fangen jedesmal ein paar Fohlen und nehmen sie mit. Aber unser Leithengst vertreibt die einjährigen Hengstfohlen meist sowieso.

Ich habe alles, was ich brauche. Durch den ständig wechselnden Untergrund reiben sich meine Hufe genügend ab, und wir sind ständig unter freiem Himmel in Bewegung – genauso, wie unsere Vorfahren schon vor Jahrtausenden gelebt haben."

TRABANT, DER HANNOVERANER

„Ich heiße Trabant und bin ein zehnjähriger Hannoveraner. Ich bin auf einem Gestüt in Westfalen aufgewachsen. Als Fohlen hatte ich es anfangs sehr schön. Mit meiner Mutter wohnte ich in einer geräumigen Box, und wir durften jeden Tag auf die Weide. Unser Pfleger, der alte Willi, war

Trabant ist ein trauriges Pferd. Er hat ständig Schmerzen

immer gut zu mir. Er sprach freundlich mit uns, und seine Hände waren nie grob, wenn er mich anfaßte.

Aber dann kam ein Mann, der mir ein Halfter anlegte. Er band mich mit einem Strick an einer Stange fest. Der Druck des Riemens hinter meinen Ohren im Nacken war entsetzlich! Ich hatte solche Angst, daß ich mich wie wild nach hinten warf und gegen das Halfter und den Strick kämpfte. Auf einmal löste sich der Haken, und ich überschlug mich nach hinten. Irgend etwas knackste in meinem Hals, so daß ich ihn lange nicht mehr gut drehen konnte. Ein anderer Mann kam, der mir Spritzen gab und Umschläge machte – aber es half alles nicht viel. Seitdem traue ich den Menschen nicht mehr so ganz und habe Angst vor dem Anbinden.

Mit zwei Jahren wurde ich verkauft: Die neuen Leute waren nett zu mir, aber sie hatten nicht viel Zeit für mich. Ich stand meist in der Box und durfte kaum hinaus. Eines Tages begannen die Leute, mich zu longieren. Mein Hals tat mir sehr weh, wenn ich ihn nach links biegen sollte. Ich rannte davon, um den Schmerzen zu entkommen. Einmal schleifte ich den Mann, der mich longierte, ein Stück weit mit. Ich tat es nicht aus böser Absicht, sondern nur der Schmerzen wegen. Nun bekam ich Ausbindezügel verpaßt, was die Schmerzen im Hals nur noch schlimmer machte.

Später wurde ich zum Einreiten gegeben, denn ich sollte ein Dressurpferd werden. Am langen Zügel schmerzte mein Hals nicht, aber sobald ich mich versammeln und nach links biegen sollte, tat mir der Hals weh. Ich versuchte davonzulaufen und buckelte auch manchmal, wenn es zu schlimm wurde. Der Ausbilder meinte, ich sei schwierig, und riet meinen Besitzern, mich zu verkaufen. Das taten sie dann auch.

So kam ich in den Reitstall, in dem ich heute lebe. Ich stehe in einem Ständer und darf nur ganz selten einmal auf die Weide. Mit meinen Nachbarn kann ich nicht spielen, meist bin ich dazu auch zu müde. Ich habe oft Schmerzen und bin deshalb manchmal unfreundlich. Ab und zu versuche ich noch immer davonzurennen, wenn es zu schlimm wird. Aber das nützt nichts, und hinterher werde ich dafür bestraft.

Ich mag nicht gesattelt werden, denn ich weiß ja, daß ich danach geritten werde, und ich habe Angst vor den Schmerzen, die ich unter dem Sattel fast immer habe. Also lege ich die Ohren zurück, schlage nach dem Gurt und blase meinen Bauch auf.

Mein einziger Lichtblick sind manche der Reiterkinder, die trotzdem lieb zu mir sind. Besonders gerne mag ich Katja. Sie streichelt mich nämlich und reibt mir manchmal sogar den schmerzenden Hals. Irgendwie scheint sie zu wissen, daß mir das guttut. Aber leider kommt sie nur einmal in der Woche.

Nach unserem Stehtag ist es immer besonders schlimm. Da bin ich ganz steif, wenn ich losgehen muß."

LJOSCHKA, DIE ISLANDSTUTE

„Ich heiße Ljoschka und bin in Island groß geworden. Mit meiner Familie streifte ich über die großen Weiden. Ich lebte ganz frei, nur ab und zu sah ich Menschen. Sie brachten uns meist etwas Futter, und manchmal wurden wir auch zusammengetrieben – das war nicht schön.

Mit fünf Jahren wurde ich eingefangen und von meiner Familie getrennt. Das war eine schlimme Zeit für mich. Der Mann, der mich einritt, war sehr grob. Er schlug mich mit der Peitsche und riß an den Zügeln, wenn ich vor Angst wegstürmen wollte. Deshalb ließ ich mich nicht mehr fangen, aber die Menschen trieben mich doch immer in eine Ecke und erwischten mich. Der Mann, der mich einritt, roch immer ganz schrecklich nach Alkohol.

Dann wurde ich zusammen mit vielen anderen Pferden nach Deutschland transportiert. Ich hatte wirklich Glück, denn ich kam zu sehr netten Leuten. Am Anfang hatte ich vor ihnen Angst, besonders vor Franz, der so groß ist wie die Männer in Island. Aber sonst ist er ganz anders. Er behandelt mich gut und streicht mir immer so freundlich über den Rücken, daß ich mich gar nicht mehr vor ihm fürchte.

Ich lebe in einem großen Offenstall mit drei anderen Isländern. Einen Stall kannte ich ja gar nicht, deshalb traute ich mich erst nicht hinein. Aber das duftende Heu lockte mich dann doch. Das Gute an diesem Stall ist, daß ich jederzeit

Pferde, die sich ständig frei bewegen können, sind meist
viel glücklicher als Stallpferde

wieder nach draußen kann! Kälte macht mir gar nichts aus. Aber wenn es im Sommer heiß ist und uns trotz Fliegenlotion die Mücken plagen wollen, dann genießen wir es, im kühlen Dunkel des Stalles zu stehen. Und bei Dauerregen ist es dort schön trocken. Manchmal bleiben wir auch über Nacht im Stall – aber nur, wenn wir nach dem Reiten im Winter sehr verschwitzt sind.

Sörli ist unser Herdenchef. Anfangs gab es etwas Gerangel, bis wir uns kennengelernt hatten und ich meinen Platz in der Rangordnung gefunden hatte, aber nun vertragen wir uns. Jeder hat seine eigene Futterraufe, und das ist auch gut so. Sonst würde nämlich der verfressene Glofaxi uns anderen alles wegfressen!

Ich habe eine ganz besondere Freundin: Uschi. Sie kommt mich besuchen, auch wenn sie gar nicht reiten möchte. Sie redet mit mir, und am Anfang ist sie viel mit mir spazierengegangen. Zuerst hatte ich vor vielen neuen Dingen Angst, aber Uschi hat mir alles gezeigt und mich nie geschlagen. Inzwischen weiß ich, daß ich mich auf Uschi verlassen kann. Nun tölten wir gemeinsam über die Waldwege, und wenn ich wirklich einmal vor etwas Angst bekomme, darf ich es mir genau anschauen und es beschnobern, während Uschi mir gut zuredet. Ab und zu steigt sie auch ab und führt mich, das kenne ich ja vom Spazierengehen her. „Komm, Mäuschen", sagt sie dann, „das schaffst du schon!"

Dann nehme ich meinen ganzen Mut zusammen, obwohl

ich eigentlich am liebsten wegrennen würde. Aber Uschi hat recht. Wenn ich den Kopf senke und einmal ordentlich Luft hole, fürchte ich mich schon nicht mehr so. Mittlerweile bin ich sogar fast schon mutig geworden. Wir haben nämlich seltsame Sachen auf dem Reitplatz geübt: Ich lernte, an schreckenerregenden Tonnen vorbeizugehen, über Stangen zu treten und sogar die Hufe auf raschelndes Plastik zu setzen! Das hat vielleicht Überwindung gekostet! Aber wer sich vor flatternden Plastikplanen nicht mehr fürchtet, der braucht eigentlich vor fast gar nichts mehr Angst zu haben."

Du siehst, diese drei Pferde leben sehr verschiedene Leben, und sie haben ganz unterschiedliche Erfahrungen mit Menschen gemacht. Wie jeder Mensch, so hat auch jedes Pferd seine ganz persönliche, einzigartige Geschichte. Es gibt kein zweites Pferd, das so ist, und es gibt keine genau gleiche Geschichte.

Wie steht es mit deinem Pferd? Oder mit deinem Pflege- oder Lieblingspferd? Mit den Pferden in der Reitschule? Hast du dir schon einmal Zeit genommen, um herauszufinden, wie ihr Leben verlaufen ist? Auch wenn man über manche Pferde nur wenig in Erfahrung bringen kann, lohnt es sich, so viel herauszubekommen, wie man nur kann.

Denk da nur einmal an Trabant. Er wird für ein schwieriges, bockiges Pferd gehalten. Auf die Idee, daß er Schmerzen hat, kommt einfach niemand. „Der blöde Bock will sich eben nicht biegen", heißt es, und Trabant wird bestraft. Kein Wunder, daß er mißmutig ist und ab und zu vor seinen Schmerzen davonrennt, nicht wahr? Wieviel glücklicher wäre ein Pferd wie Trabant, wenn es zumindest jeden Tag auf die Weide dürfte! Wenn es jemanden fände, der begreift, daß es Schmerzen hat. Jemanden, der seine stumme Körpersprache zu deuten versteht, der den Ausdruck seines Gesichtes lesen kann und dessen Hände die verspannten, schmerzenden Stellen erfühlen und dem Pferd Linderung verschaffen können!

Noch ein Wort zur Haltung von Pferden: Ständig höre ich Menschen davon sprechen, daß sie ein Recht auf alles mögliche haben: ein Recht auf Glück, auf eine gute Arbeitsstelle, auf Reisen und vieles andere. Leider benehmen wir Menschen uns den Tieren gegenüber oft so, als seien wir die einzigen Wesen auf diesem Planeten, die ein Recht auf ein glückliches, erfülltes Leben haben.

Aber Tiere haben das auch! Jedes Pferd hat meiner Meinung nach das Recht auf ein artgemäßes Leben, auf gute Behandlung und auf einen schnellen, schmerzlosen Tod. Und Pferde haben Anspruch auf frische Luft, auf Gesellschaft, auf Bewegung und ausreichendes Futter.

PFERDE SIND HERDENTIERE

In der Natur leben Pferde immer in Herden zusammen. Sie lieben Gesellschaft, pflegen enge, in freier Wildbahn meist lebenslange Freundschaften und haben viel sozialen Kontakt. Das heißt im Klartext: Sie spielen miteinander, betreiben gegenseitige Fellpflege, raufen aber auch mal, sie verlassen sich aufeinander, paaren sich, passen aufeinander auf und verbringen ihr Leben miteinander.

In Boxen- oder Ständerhaltung ist ein solches Leben den Pferden unmöglich. Man kann diese Haltungsformen mit Einzelhaft in Gefängnissen vergleichen. Die meisten Verbrecher werden nicht in Isolationshaft gesteckt, weil das zu grausam ist. Aber unsere Pferde verbannen wir auch heute noch in ihre engen Gefängnisse, in denen sie unmöglich ein glückliches Leben führen können. Das ist gegen ihre Natur!

Und dann wundern wir uns, weshalb solche Pferde sogenannte „Unarten" entwickeln, sich beim Ausritt wie wild gebärden und der Reiter ständig das Gefühl hat, auf einem Pulverfaß zu sitzen!

PFERDE SIND BEWEGUNGSTIERE

Wie gut haben es Tess und Ljoschka! Sie leben ein pferdegerechtes Leben. Sie haben Gesellschaft und können sich bewegen, soviel sie wollen. Das ist nicht nur für das seelische Gleichgewicht von Pferden wichtig, sondern auch für ihre Verdauung. In der Natur fressen die Pferde den ganzen Tag. Sie gehen Schritt für Schritt weiter und nehmen dabei stetig und langsam Nahrung auf. Genau dafür ist ihr Magen auch konstruiert – nicht aber für große Futtermengen, die sie zweimal pro Tag bekommen, ohne sich genug bewegen zu können. Oft sind Koliken die Folge solcher Haltung und Fütterung. Zuviel Hafer, bei besonders genügsamen Ponyrassen auch zuviel Gras, kann zu der schweren Krankheit Hufrehe führen. Ganz zu schweigen von dem Temperament, das Pferde ohne Möglichkeit zu freier Bewegung an den Tag legen, wenn sie „der Hafer sticht".

Grundsätzlich solltest du, wenn irgend möglich, ein Pferd nicht gleich reiten oder mit ihm arbeiten, wenn es tagelang in der Box gestanden hat. Vorher sollte es Gelegenheit haben, sich auszutoben. Dazu kannst du es in der Halle frei laufen lassen oder es – was noch viel besser ist – auf die Weide bringen. Das gewöhnliche „Ablongieren" ist nur ein magerer Ersatz für die freie Bewegung.

Natürlich wirst du oft keine Möglichkeit haben, das Pferd frei laufen zu lassen – etwa, weil es dir nicht gehört. Trotzdem hilft es, Verständnis für die Situation des Pferdes zu haben. Vielleicht kannst du ein Gespräch mit dem Besitzer oder dem Reitlehrer führen. Manchmal denken Leute einfach nicht über solche Dinge nach. Ihnen ist nicht klar, daß es unfair ist, von einem Pferd nach langem Stehen in der

Box gleich Versammlung oder ruhige, konzentrierte Leistung zu verlangen. Unsere Einstellung zu einem Pferd ist viel wichtiger, als wir normalerweise annehmen. Es ist ein großer Unterschied, ob du im Sattel sitzt und denkst: „Kann der blöde Gaul nicht endlich mal aufhören, herumzutrippeln", oder ob du Verständnis dafür hast, daß das Pferd sich nicht austoben durfte. Pferde spüren unsere Einstellung meist sehr genau und reagieren entsprechend. Es gibt selbstverständlich auch Pferde, die den ganzen Tag über mit ihren Freunden draußen sind und nur nachts in die Box kommen. Ihnen geht es natürlich viel besser. Aber vielleicht ist dein Lieblingspferd eines von den Pferden, die ihr Leben in einem Ständer fristen müssen. Dann laß es wissen, daß du Mitgefühl hast, und versuche ihm seine Situation nach Möglichkeit etwas zu erleichtern. Vielleicht darfst du es spazierenführen oder sogar auf die Weide lassen und wieder hereinholen.

Oft ist das Hinauslassen und Hereinholen den Menschen schlicht zu umständlich. Pferde sollen sich uns anpassen, ist ihre Devise. Da werden Haare wegrasiert, damit das Fell nicht zu dick wird, aus Zeitmangel wird mit dem Staubsauger geputzt, automatisch gefüttert und getränkt ... So kann natürlich kein Kontakt und keine wirkliche Beziehung entstehen. Wer sein Pferd nur für seine Zwecke benutzt, kann zu ihm lediglich ein Verhältnis wie zu einem Sklaven haben, aber niemals sein Freund sein.

Genausowenig, wie man Pferde in enge Boxen sperren

soll, darf man sie aber einfach auf eine Weide oder in einen Auslauf ohne Unterstand stellen und ihnen ihr Heu in den Matsch werfen. *Das* ist mit Robusthaltung nicht gemeint! Robustpferde brauchen einen windgeschützten Unterstand mit zwei Eingängen, damit ein ranghöheres Pferd den Stall nicht für die anderen blockieren kann. Sie brauchen regelmäßig Futter, das nicht naß und schmutzig werden darf, sowie sauberes Wasser. Die Weide oder der Aus-

Wenn ein Pferd nicht auf die Weide oder in einen Auslauf darf, sollte man es nach Möglichkeit wenigstens auf dem Reitplatz oder in der Halle frei laufen lassen

lauf muß so eingezäunt sein, daß die Pferde sich nicht am Zaun verletzen oder ausbrechen können. Und sie sollten nicht dauernd im Matsch stehen. Vernachlässigung ist keine Robusthaltung!

Man kann alle Pferderassen draußen halten, nicht nur die sogenannten Robustpferde! Auch Großpferden wächst ein Winterfell, und sie sind im Offenstall viel zufriedener und auch gesünder. Selbstverständlich muß man ein Stallpferd erst langsam an die Offenstallhaltung gewöhnen, am besten im Sommer. Ein Pferd, das mit Decke oder gar geschoren im Stall steht, kann man nicht einfach im November in den Offenstall stellen – dort würde es ohne das schützende Winterfell krank!

Es ist ein Märchen, daß Offenstallpferde oft husten – ganz im Gegenteil: Stallpferde, die in ammoniakgetränkter Luft stehen und dann vielleicht auch noch täglich in einer staubigen Reithalle arbeiten müssen, bekommen viel eher Husten als Pferde, die reichlich staubfreie, frische Luft atmen dürfen.

Es ist wichtig, daß du dir all dieser Dinge bewußt bist, wenn du eine gute Beziehung zu deinem Pferd haben möchtest. Ganz besonders wichtig ist es, über den Fluchtreflex Bescheid zu wissen.

PFERDE SIND FLUCHTTIERE

Die verschiedenen Tierarten reagieren auf eine echte oder vermeintliche Bedrohung unterschiedlich. Manche Tiere kämpfen als erstes, andere fliehen. Sie nennt man Fluchttiere.

Ein Pferd wie Tess, das in freier Wildbahn lebt, reagiert so-

Ein Pferd in Fluchthaltung: Der Kopf ist hochgeworfen, der Rücken durchgedrückt

fort mit dem Fluchtreflex, wenn es erschrickt. Dem eigentlichen Wegrennen geht die Fluchthaltung voran. Es ist wichtig, daß du die Fluchthaltung verstehst und sie erkennen kannst. Als erstes fällt dir sicher der hochgeworfene Kopf auf. So kann das Pferd kleinste Bewegungen in seiner weiteren Umgebung, zum Beispiel ein sich anschleichendes Raubtier, wahrnehmen. Allerdings sieht es in dieser Haltung nicht, was direkt vor ihm geschieht. Von dort kommt in der Natur nur selten eine Gefahr für ein Pferd.

Der so hochgeworfene Kopf hat einen durchgedrückten Rücken zur Folge. Du kannst das selbst einmal ausprobieren, wenn du dich auf allen vieren auf den Boden stellst. Dein Hals ist ja wesentlich kürzer als der eines Pferdes, aber wenn du den Kopf in den Nacken legst, wirst du spüren, daß du dazu neigst, den Rücken durchzudrücken.

In dieser Körperhaltung wird beim Pferd Adrenalin ausgeschüttet, ein Hormon, das den Körper in höchste Alarmbereitschaft versetzt. Dies hat den Vorteil, daß ein so vorbereitetes Pferd innerhalb von Sekunden in Höchstgeschwindigkeit davonrasen kann. So kann es einem angreifenden Raubtier am ehesten entkommen.

Dieses Verhalten läuft instinktiv ab. Es ist für das Pferd ein Reflex, also eine Handlung, die nicht bewußt gesteuert wird. Man spricht im Zusammenhang mit Reflexen von verschiedenen Ebenen. Die Reflexe, die am tiefsten liegen, haben alle mit dem Überleben zu tun. Auf der Ebene darüber sind Reflexe angesiedelt, die mit dem Fressen, dem

Schlucken und unterschiedlichen Bewegungen zusammenhängen. Der Fluchtreflex ist der tiefliegendste und dominanteste Reflex eines unausgebildeten Pferdes. Ein Pferd braucht das Fluchtverhalten nicht zu erlernen, es ist ihm angeboren. Genausowenig wird es dieses Verhalten jemals völlig verlieren, auch wenn es später lernt, nicht nur danach zu handeln.

Um diese Art von Lernen wird es in diesem Buch noch oft gehen.

Für ein Wildpferd wie Tess oder auch für freilebende Pferde in Island genügt es, dem Fluchtreflex zu folgen. Es kann ja nie schaden, davonzurennen. Lieber einmal zuviel flüchten als vom Wolf gefressen werden, lautet ihre Devise. Rennen ist für ein Pferd das natürlichste Verhalten der Welt.

In unserer heutigen Welt, in der wir uns ein sicheres, zuverlässiges Reitpferd wünschen, kann das Pferd seinen Fluchtreflex nicht mehr so ausleben wie früher. Er ist auch gar nicht mehr so nützlich – überall sind Zäune, Autos, Häuser und andere Dinge, die die Flucht begrenzen. Wer jemals auf einem durchgehenden Pferd gesessen hat, der weiß, wie gefährlich das ist und wieviel Angst man dabei haben kann. Berechtigterweise, denn es kann lebensgefährlich sein, auf einem unkontrollierbar dahinrasenden Pferd zum Beispiel auf eine befahrene Straße zu geraten.

Denken kann ein Pferd in der Fluchthaltung und beim Durchgehen gar nicht. Seine Körperhaltung und die dadurch ausgelösten Gefühle und freigesetzten Hormone machen das unmöglich.

Was ist eigentlich Denken? Und in welchem Maße können Pferde denken? Das läßt sich natürlich nur schwer genau feststellen, denn wer kann schon Gedanken lesen... Manches können wir aber aus der Körperhaltung, dem Gesichtsausdruck oder dem Verhalten eines Pferdes schließen. Man kann auch Gehirnströme messen und daraus bestimmte Schlüsse ziehen. Moshe Feldenkrais sprach vom Denken und von der Intelligenz oft im Zusammenhang mit der Fähigkeit des Wählens.

Ein Wildpferd hat keine Wahl. Es reagiert instinktmäßig und kann gar nicht anders. Das ist auch gut so. Denn ein Pferd, das sich erst umdreht, den Löwen genau betrachtet und überlegt, ob es nun davonlaufen soll oder nicht, ist schnell gefressen.

Denken in diesem Zusammenhang hat mit dem Bewußtsein zu tun, daß uns verschiedene Möglichkeiten zur Verfügung stehen. Um ein sicheres Reitpferd zu werden, muß ein Pferd lernen, zu denken. Es darf nicht mehr nur seinem Instinkt Folge leisten, sondern es muß lernen, zu schauen und zu überlegen. Dann wird es sich so verhalten, wie es ihm sinnvoll erscheint, oder so, wie der Reiter es von ihm verlangt. Pferde, die das gelernt haben, sind tatsächlich intelligenter als Pferde, die nur instinktmäßig reagieren. Dieses Denken muß ein Pferd erst lernen – und zwar von uns Menschen.

Wenn ein Pferd erschrickt, ist sein gesamtes Nervensystem in einem Zustand der Erregung und der Alarmbereitschaft. Und das bleibt es auch, bis sich die Körperhaltung wieder ändert.

Ein Pferd mit hochgeworfenem Kopf in der Fluchthaltung kann also nicht denken. Es muß erst den Kopf senken. Dadurch kann es besser atmen, der Fluchtreflex ist ausgeschaltet. Nun beruhigt sich das Pferd, es entspannt sich und ist wieder fähig, zu denken.

Wenn du also ein Pferd siehst, das mit hochgerissenem Kopf dasteht und vor etwas Angst hat, dann hilft es ihm vor allem, wenn es den Kopf senken kann. Wie du dem Pferd das beibringen kannst, erkläre ich später noch.

Pferde dösen und fressen mit gesenktem Kopf. Sie drücken damit aus, daß sie keine Angst haben. Und sie beobachten auch andere Pferde. So drückt die Ruhehaltung der Leitstute aus, daß alles in Ordnung ist und keine Gefahr naht. Wirft sie aber den Kopf hoch und nimmt die Fluchthaltung ein, so signalisiert sie damit allen anderen Herdenmitgliedern, daß etwas nicht stimmt. Das ist die wortlose Kommunikation unter Pferden. Die Stute drückt durch ihre Haltung etwas aus, und die anderen Pferde verstehen es.

Pferde achten also von Natur aus auf diejenigen, die ranghöher sind. Das heißt, daß sie auch auf dich achten. Ein gut erzogenes Pferd erkennt den Menschen als ranghöheres Wesen an. Wenn du also ganz ruhig bist und dein Pferd dich kennt und dir vertraut, wird es sich nicht so leicht aufregen. Hast du aber selbst Angst, so erkennt das Pferd das an deiner Körpersprache, vor allem aber daran, daß du anders oder gar nicht atmest.

Du kennst das sicher: Man hält vor Schreck die Luft an. Dein Pferd ist nun sofort alarmiert: Etwas hat seinen ranghöheren Menschen in Angst und Schrecken versetzt! Schon ist auch das Pferd voller Anspannung. Auf den Gedanken, daß du vielleicht vor ihm Angst haben könntest, kommt es gar nicht!

Es ist also wichtig, dir dessen bewußt zu sein, daß sich dein Pferd oft an dir orientieren wird. Achte auf deine Körperhaltung: Bist du verspannt? Ziehst du die Schultern hoch, und atmest du schnell und flach? Pferde haben auch gute Nasen und riechen Angstschweiß sofort.

Probiere einmal zwei verschiedene Körperhaltungen aus: Stelle dich hin und lasse das Kinn zur Brust sinken. Nun mach die Schultern rund und richte den Blick zum Boden. Wie fühlst du dich? Wie ist deine Atmung?

Dann nimm den Kopf in den Nacken und reiße die Augen weit auf. Dein Rücken ist durchgedrückt, die Schulterblätter sind starr zurückgenommen. Wie fühlst du dich nun? Wie atmest du? Was für Gedanken hast du?

Die meisten Menschen fühlen sich in der ersten Haltung

niedergeschlagen und nicht gerade fröhlich, in der zweiten Haltung wie erstarrt, ungemütlich und nervös.

Pferde nehmen solche Körpersignale auf. Wenn du mit einem nervösen Pferd umgehst, versuche ihm durch gleichmäßiges, tiefes Atmen und eine entspannte, ruhige Haltung zu sagen, daß es keine Angst zu haben braucht.

Schau dir unter diesem Gesichtspunkt einmal dein Pferd in verschiedenen Situationen an. Was drückt es wohl durch seine Haltung aus? In welchen Situationen nimmt es die Fluchthaltung ein, in welchen zeigt es Ärger, Mißfallen,

Ein Pferd in Ruhehaltung:
Es hält den Kopf tief, Hals und Rücken sind entspannt

Nervosität oder auch freundliche Aufmerksamkeit?

Ljoschka hat von Uschi gelernt, ihren Fluchtreflex zu überwinden. Sie stürmt nun nicht mehr blindlings davon, wenn sie erschrickt, sondern schaut sich den furchterregenden Gegenstand an. Sie denkt nach und merkt, daß sie keine Angst zu haben braucht. Das verlangt viel Selbstkontrolle von einem Pferd. Aber mit jedem Versuch, bei dem Ljoschka die Situation so bewältigt, verändert sich auch ihr Selbstbild.

Stell dir vor, alles auf der Welt macht dir angst: ein raschelndes Papier, ein Knacksen, Autos, Menschen, das Klappern eines Eimers. Wie fühlst du dich? Wieviel Selbstvertrauen wirst du wohl haben?

Wenn du dagegen weißt, daß alle diese Geräusche nichts Schlimmes bedeuten, daß Menschen deine Freunde sind und du dich sogar neulich an einem Mähdrescher vorbeigetraut hast, dann sieht die Welt doch schon ganz anders aus, nicht wahr?

Ich habe selbst schon erlebt, daß Pferde, die sich in der Rangordnung ganz unten befanden, durch dieses Lernen so viel Selbstvertrauen bekamen, daß sie sich gegen andere Pferde durchsetzten. Sie eroberten einen anderen Platz in der Herdenhierarchie – nach dem Motto: „Ich fürchte mich jetzt nicht mehr vor Traktoren. Wieso sollte ich da vor Baldur noch Angst haben?"

Sprechende Hände

Bevor du nun beginnst, am Körper deines Pferdes zu arbeiten, möchte ich dir sagen, was Moshe Feldenkrais uns zum Beginn unserer Ausbildung mit auf den Weg gegeben hat: „Arbeite um Gottes willen nie mit einem Arm oder einem Bein. Du darfst auf keinen Fall vergessen, daß du mit einem ganzen Menschen arbeitest!"

Mit einem Arm kann man sich nicht gut unterhalten, mit einem Menschen sehr wohl. Das gleiche gilt auch für die Arbeit mit Pferden. Vergiß nie, daß du ein lebendiges Wesen mit Gefühlen vor dir hast. Sobald du nur ein Gelenk oder einen verspannten Muskel siehst, verlierst du dich im Detail, und eine Beziehung ist nicht möglich.

Leider sind wir diese Betrachtungsweise von uns selbst her gewohnt. Im Krankenhaus liegt oft „der Blinddarm auf Zimmer 73", beim Krankengymnasten wird „der Menis-

Sprechende Hände

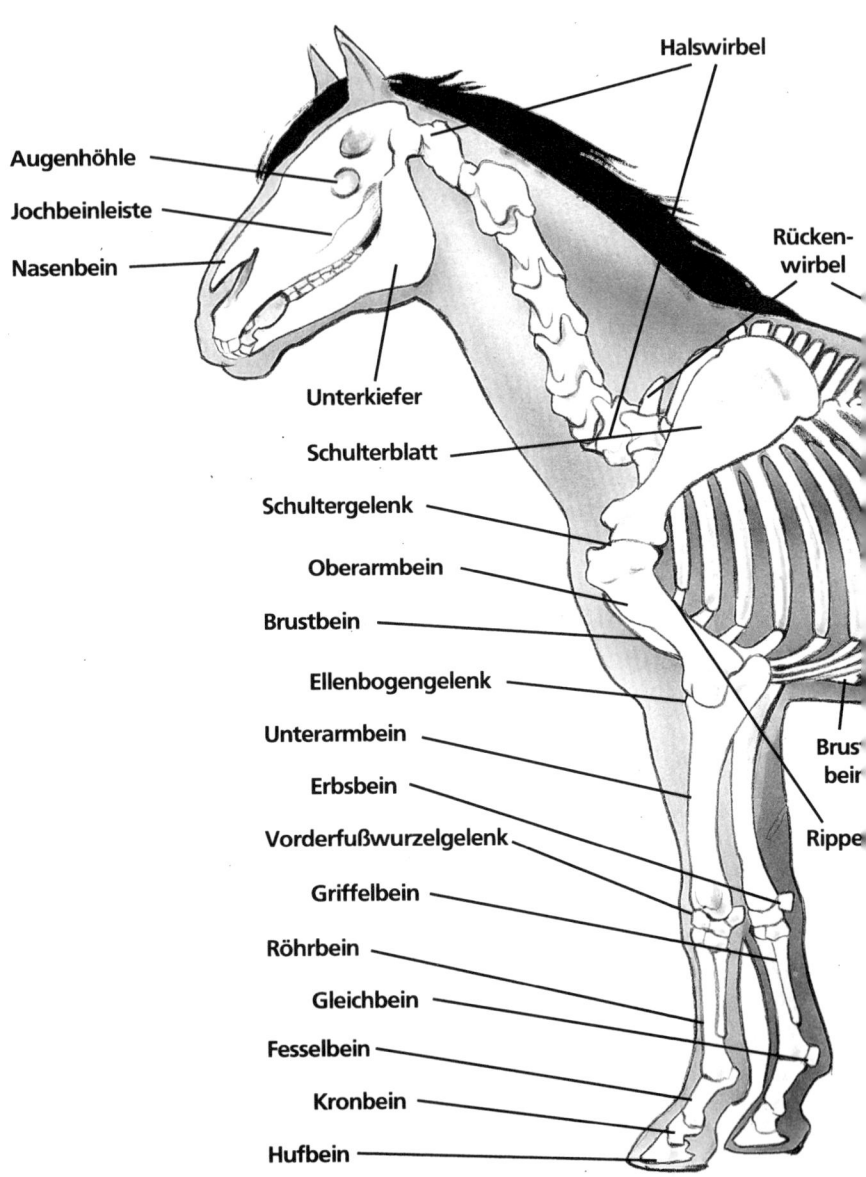

Halswirbel

Augenhöhle

Jochbeinleiste

Nasenbein

Rücken-wirbel

Unterkiefer

Schulterblatt

Schultergelenk

Oberarmbein

Brustbein

Ellenbogengelenk

Unterarmbein

Erbsbein

Vorderfußwurzelgelenk

Griffelbein

Röhrbein

Gleichbein

Fesselbein

Kronbein

Hufbein

Brus'beir

Rippe

Sprechende Hände

Bevor du mit der Körperarbeit beginnst,
solltest du dich genau mit dem Skelett
des Pferdes vertraut machen

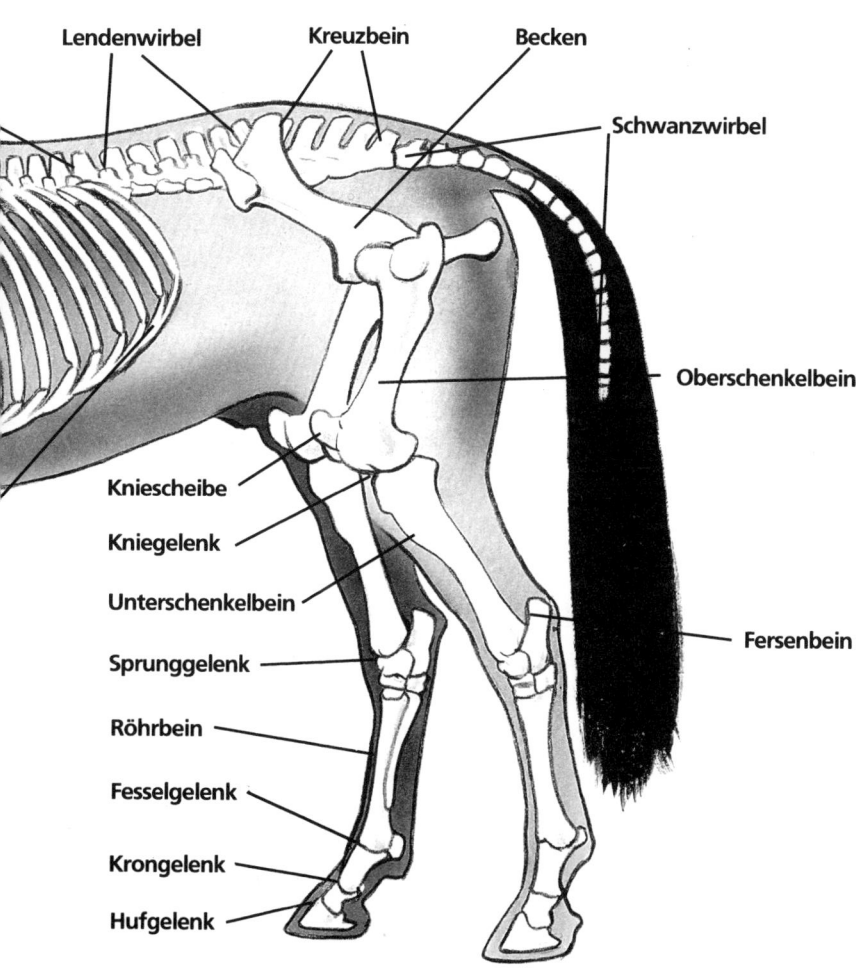

Lendenwirbel

Kreuzbein

Becken

Schwanzwirbel

Oberschenkelbein

Kniescheibe

Kniegelenk

Unterschenkelbein

Fersenbein

Sprunggelenk

Röhrbein

Fesselgelenk

Krongelenk

Hufgelenk

kus" behandelt. Wo bleibt der Mensch? Und wenn wir uns schon gegenseitig so behandeln, wie sollten wir es dann mit unseren Pferden anders machen?

Ich glaube, daß wir eine große Chance haben, gemeinsam mit den Pferden Dinge zu lernen, die auch für unsere Beziehungen zu anderen Menschen sehr wertvoll sind.

Zuerst einmal solltest du dir Zeit nehmen, dein Pferd mit deinen Händen zu erforschen. Meistens berühren wir ein Pferd nur in einer bestimmten Absicht: Wir putzen oder satteln es, kratzen seine Hufe aus oder behandeln eine Wunde. Manchmal loben oder streicheln wir es auch, aber die meisten Menschen kommen gar nicht auf die Idee, daß Berührung sehr viel mehr sein kann.

Am besten ist es, wenn jemand das Pferd hält, während du mit ihm arbeitest. Viele der Übungen in diesem Buch kann man sehr schön zu zweit machen. Wenn du also eine Freundin oder einen Freund hast, die oder der sich auch dafür interessiert, eine tiefere Beziehung zu einem Pferd zu bekommen, ist das prima. Ihr könnt euch dann abwechseln und *nach* der Übung eure Erfahrungen austauschen. Bitte sprecht möglichst während der Übung nicht miteinander! Manchmal muß es sein, aber es ist wichtig, daß du wirklich mit deiner ganzen Aufmerksamkeit bei dir und deinem Pferd bist. Wenn du dich dabei mit jemand anderem unterhältst, verlierst du wahrscheinlich den Kontakt mit deinem Pferd.

Sprechende Hände

Stell dir vor, jemand erforscht deinen Rücken und redet dabei mit einem Dritten, der daneben steht. Wie fühlst du dich da?
Und wie würdest du dich fühlen, wenn er dir statt dessen direkt Rückmeldung geben und aufmerksam darauf achten würde, was dir zuviel ist und was dir angenehm ist? So hat die Körperarbeit eine ganz andere Qualität!

Wenn du alleine arbeitest, kannst du dein Pferd natürlich auch anbinden. Aber bitte nicht zu kurz, es soll sich zu dir umdrehen können. Denn oft will das Pferd sehen, was du machst, wo du stehst, wo deine Hände sind. Binde es aber auch nicht so lang an, daß es mit den Vorderbeinen in den Strick treten und sich darin verheddern könnte!
Wenn du dein Pferd gut kennst, kannst du mit ihm auch auf einem Sandplatz oder in der Box arbeiten, solange es dabei nicht frißt. Denn auch dein Pferd soll ganz bei der Sache sein, und das kann es nicht, wenn es gerade beim Fressen ist. Du wolltest ja sicher auch nicht, daß jemand mit dir arbeitet, während du zu Abend ißt!
Laß deine Hände jetzt sanft über den ganzen Pferdekörper fahren, nur um zu spüren. Stelle dem Pferd mit deinen Händen Fragen. Und gehe ganz langsam vor. Wenn du zu schnell über den Körper fährst, kannst du nichts spüren. Du kannst deine Hände auch an manchen Stellen liegen

lassen, wenn du dir nicht sicher bist, wie diese Stellen sich anfühlen. Wenn deine Hände laut sprechen könnten, klänge das etwa so: „Wie fühlst du dich denn hier an? Aha, ein großer Muskel! Wo läuft er entlang? Ist er auf dieser Seite stärker ausgebildet als auf der anderen? Magst du diese Berührung, oder bist du hier kitzlig?"

Und dein Pferd wird antworten. Mit einem Fellzucken, mit einem Schnauben, mit der Stellung seiner Ohren, mit Schweifschlagen oder wohligem Seufzen. Es ist an dir, diese Sprache zu verstehen und dann entsprechend zu reagieren. Nehmen wir einmal an, du kommst an die Gurtlage hinter den Vorderbeinen. Dein Pferd dreht den Kopf, versucht nach dir zu schnappen und stampft unruhig mit den Beinen. Damit sagt es: „Faß da bloß nicht hin. Dort bin ich empfindlich! Das macht mir angst und tut weh!" Meist werden Pferde für ein solches Verhalten bestraft oder gleich so kurz angebunden, daß ihnen diese Reaktion nicht möglich ist. Indem du deine Hände wegnimmst, läßt du dein Pferd wissen, daß du es verstanden hast. Deine Hände sprechen eine klare Sprache.

Laß dein Pferd wissen, daß du es verstehst! Am besten veruchst du, bei einer problematischen Stelle die äußersten Grenzen zu finden – also die Gegend, in der du dein Pferd berühren kannst, ohne daß es ihm unangenehm ist. Oft liegt die Grenze weit von der schmerzenden Stelle entfernt. Du muß gut auf dein Pferd achten, um seine Sprache zu verstehen.

Sprechende Hände

Stell dir vor, jemand faßt dich so an, daß es dir unangenehm ist. Und wenn du ihm das sagen möchtest, wirst du dafür bestraft ... Was für eine Einstellung wirst du zu demjenigen haben?
Ich glaube, daß viele Pferde zutiefst frustriert sind, weil so viele Menschen nicht gewillt sind, ihre Sprache zu verstehen und auf sie einzugehen.

Sein Atem wird dir viel verraten. Die meisten Pferde halten die Luft an, wenn man an unangenehme Stellen kommt. Schon das Zucken eines Ohres, das Hochziehen einer Nüster kann dir sagen, daß du dich der schmerzenden Stelle näherst. Das heißt nicht, daß du für immer und ewig von schmerzenden Stellen die Finger lassen sollst. Denn jedes gut erzogene Pferd sollte sich überall berühren lassen: an den Beinen, am Euter oder am Schlauch, am Rücken und an den Nüstern. Das ist wichtig für die Behandlung durch Schmied und Tierarzt sowie fürs Satteln und Zäumen. Aber das ist ja erst unser Ziel – auf dem Weg dahin läßt sich viel lernen! Dieses erste Fahren der Hände über den Körper ist wie eine Bestandsaufnahme. Welche Knochen kannst du deutlich spüren, welche Muskeln? Falls du dir nicht sicher bist, schau dir einmal das Skelett auf den Seiten 50 und 51 an.
Kannst du das Schulterblatt ertasten? Wo läßt sich dein Pferd gerne berühren und wo nicht? Bleibt dein Pferd ru-

hig stehen, wenn du es berührst, oder tänzelt es herum? Welche Stellen erscheinen dir verspannt und hart? Läßt sich dein Pferd an den Ohren anfassen? Wie atmet es? Dazu kannst du die Hände flach auf die Flanken legen und die leisen Bewegungen, die das Atmen verursacht, spüren. Wie geht dabei dein eigener Atem? Vergiß vor lauter Konzentration nicht, selbst zu atmen. Denn dann werden deine Hände nicht mehr so weich sein. Achte auf deine Handgelenke und auf die Fingergelenke. Sind sie weich und beweglich, wenn du dein Pferd berührst, oder machst du sie fest?

Probiere einmal aus, was passiert, wenn du deinen Atem anhältst. Wahrscheinlich wirst du eine Veränderung in der Art der Berührung feststellen – und dein Pferd auch!

KOPF SENKEN – WARUM?

Es ist ganz wichtig, daß dein Pferd lernt, auf dein Signal hin den Kopf zu senken. Denn das beruhigt es sofort. Diese Haltung bringt es aus einem Zustand, in dem der Fluchtreflex aktiviert ist, in einen Zustand der Ruhe und Aufmerksamkeit. Das kann in den verschiedensten Situationen von Vorteil sein. Es hilft Pferden, die scheuen, durchgehen, stolpern, sich nicht verladen lassen, nicht durch Wasser gehen oder ängstlich sind – aber auch den „ganz normalen" Pferden. Sie werden dadurch intelligenter, lernen, auf dich zu horchen, die Sprache deiner Hande zu verstehen und ihr zu folgen.

Wie gehst du vor?

HALFTER UND KETTE

Als Hilfsmittel brauchst du ein korrekt sitzendes Halfter. Es darf nicht so tief sitzen, daß es auf die Nüstern drückt, und nicht so hoch, daß die Metallteile an der Seite an das Jochbein stoßen. Das tut nämlich sehr weh und gibt Scheuerstellen. Der Nasenriemen sollte etwa zwei Fingerbreit unter dem Jochbein liegen und nicht zu weit sein, sonst kann das Halfter leicht seitlich verrutschen.

Außerdem benötigst du eine Kette. „Meine Güte", habe ich am Anfang meiner Ausbildung bei Linda gedacht, „von wegen sanfter Umgang mit Pferden! Sie rückt den armen Tieren mit Ketten und Gerten auf den Leib!"

Aber ich habe mich eines Besseren belehren lassen. Die Kette ist ein sehr feines Werkzeug, wenn man sie richtig verwendet. Wenn du nur mit einem Führstrick am Halfter ziehst, gibst du deinem Pferd kein sehr klares Signal. Das Halfter drückt dann hinter den Ohren, auf der Nase und an den Backenteilen; es wirkt also nicht gerade präzise. Mit einer Kette dagegen kannst du sehr genaue Zeichen geben,

Sprechende Hände

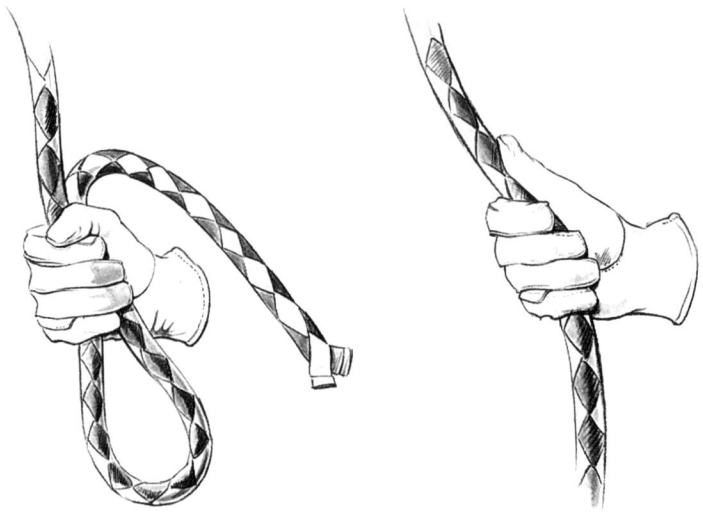

Wickle dir niemals einen Führstrick oder eine Kette um die Hand!
Wenn das Pferd erschrickt, kannst du die Schlinge nicht mehr lösen und
wirst mitgeschleift. Diese Bilder zeigen dir zwei verschiedene
Möglichkeiten, Kette oder Strick korrekt zu halten

denn sie wirkt direkt auf den Nasenrücken. Die kleinsten Hilfen und Zeichen können hier vom Pferd sehr gut verstanden werden. Du brauchst keine Kraft dazu.

Es gibt zwei Grundregeln für den Gebrauch der Kette:
1. Nie daran ziehen!
2. Nie ein Pferd daran anbinden!

Sprechende Hände

Normalerweise solltest du an der Kette nur leicht zupfen. Es gibt dabei vier Grundrichtungen:

1. Nach *oben* zupfen, um den Kopf eines Pferdes höher zu bringen. Das kann bei Pferden, die zu sehr auf der Vorderhand gehen, und in engen Wendungen von Vorteil sein.
2. Nach *unten* zupfen, um dem Pferd klarzumachen, daß es seinen Kopf tiefer nehmen soll. Das hilft Pferden, die ängstlich und oft in Fluchthaltung sind.
3. Nach *vorne* zupfen, um das Pferd zum Mitkommen oder Schnellerwerden aufzufordern.
4. Nach *hinten* zupfen, um das Pferd langsamer zu machen oder anzuhalten.

Sobald du aber ziehst, verliert die Kette ihre feine Wirkung. Auf Zug reagieren Pferde meist mit Gegenzug – und schon bist du in einem Ringkampf mit deinem Pferd! Darauf solltest du es nie ankommen lassen: Das Pferd ist nämlich immer stärker; selbst ein großer Mann ist einem Shetlandpony von der Kraft her unterlegen. Dein Pferd sollte nicht merken, daß es stärker ist.

Abgesehen davon hat eine Beziehung, in der man sich mit feinsten Signalen verständigen kann, eine ganz andere Qualität als eine Beziehung, in der man ständig darum rangelt, wer der Stärkere ist. Das ist außerdem sehr gefährlich! Wie schnell bekommt man da blaue Zehen, wird überrannt oder mit dem Kopf umgestoßen – von Pferden, die gelernt haben, sich so mit Menschen zu verständigen. Also bitte: zupfen und locker lassen, zupfen und locker lassen! Falls ein Pferd wirklich plötzlich losspringt, kannst du ihm auch einmal einen energischen Ruck mit der Kette geben. Aber dann sofort wieder locker lassen. Die Kette straft nicht, sie gibt nur ein kurzes, präzises Signal.

Eine Kette ist zum Anbinden nicht stabil genug. Sie kann unter dem Gewicht eines nach hinten springenden Pferdes reißen oder aber sein Nasenbein verletzen! Zum Anbinden solltest du immer einen festen Anbindestrick verwenden!

Was die Kette selbst betrifft: Sie muß 75 Zentimeter lang sein – nicht kürzer, sonst kannst du sie nicht korrekt verschnallen. Ich beschreibe das Einfädeln der Kette hier in vier Schritten, und zwar für das Führen des Pferdes von links. So gehst du richtig vor, wenn du links vom Pferd stehst, es also mit der rechten Hand führst:

1. Du ziehst die Kette von außen nach innen und unten durch die linke Metallöse.

2. Dann legst du sie *über Kreuz* über das Nasenband.

3. Anschließend führst du sie von oben innen nach außen durch die Metallöse auf der rechten Seite.

Sprechende Hände

So wird die Kette richtig verschnallt.
Die führende Hand sollte aber nicht an der Kette liegen, sondern
weiter unten am Nylonseil. Es ist wichtig, daß du
beim Führen immer Handschuhe trägst

4. Nun ziehst du die Kette nach oben und hakst sie im oberen rechten Ring ein, und zwar so, daß das kleine Häkchen nach außen zeigt und sich deinem Pferd nicht in die Ganasche bohrt.

Wenn du dein Pferd von rechts führst, mußt du die Kette genau seitenverkehrt einfädeln. Halfter mit runden Ösen eignen sich am besten, in viereckigen Ösen können sich die Glieder der Kette verkanten.

KOPF SENKEN – WIE?

Es gibt verschiedene Möglichkeiten, einem Pferd mit den Händen zu verstehen zu geben, daß es den Kopf tiefer nehmen soll. Ich beschreibe hier eine Art, die ich besonders gut finde.

Nimm dir zuerst Zeit, den Hals deines Pferdes genau zu erfühlen. Weißt du, wo die Halswirbelsäule verläuft? Die meisten Menschen glauben, daß sie direkt unter dem Mähnenkamm entlanggeht, aber das stimmt nicht. Schau dir die Zeichnung des Skelettes auf den Seiten 50 und 51 an, dann siehst du den Verlauf der Wirbelsäule im Hals.

Erkunde mit deinen Händen vorsichtig den Bereich hinter den Ohren. Manche Pferde sind dort sehr empfindlich oder haben sogar Schmerzen – besonders Dressurpferde, die oft lange versammelt gehen müssen und nicht genügend Gelegenheit zum Dehnen der Nackenmuskeln bekommen. Es kann aber auch sein, daß dein Pferd dort nicht besonders empfindlich ist.

Halte nun mit der linken Hand die Kette und gib deinem Pferd durch leichtes Zupfen zu verstehen, daß es den Kopf herunternehmen soll. Gleichzeitig arbeitest du mit der rechten Hand so, daß die Vorwärts-Abwärts-Bewegung im Nacken gefördert wird. Ich nehme gern den Daumen als einen Stützpunkt und arbeite mit den anderen Fingern. Dabei übe ich mit den Fingern etwas Druck aus, während ich etwa zwanzig Zentimeter hinter den Ohren in einer Bogenbewegung nach vorne streiche. Der Druck ist zu stark, wenn das Pferd dagegen drückt, und zu schwach, wenn es gar nicht reagiert. Du hast die richtige Druckstärke gefunden, wenn dein Pferd den Nacken nach vorne streckt. Du kannst nur die Fingerkuppen verwenden oder – bei empfindlicheren Pferden – auch die ganze Handfläche. Wichtig ist, daß du deine Gelenke weich hältst und selbst gut atmest.

Deine Hände sagen dem Pferd: „Du brauchst den Kopf nicht immer so hoch zu halten! Wenn du hier im Nacken nachgibst und dich weich machst, kannst du dich nach unten strecken."

Wenn dein Pferd nun die Ohren anlegt, mit dem Kopf schlägt und sich widersetzt, könnte die Übersetzung seiner Körpersprache etwa so aussehen: „Das tut weh! Ich mag das nicht, wenn du mich so berührst, es macht mir angst. Wenn du so fest drückst, drücke ich eben dagegen!"

Sprechende Hände

Dein Pferd könnte aber, indem es den Kopf senkt, sich wohlig streckt, zu lecken und zu kauen beginnt, auch sagen: „Das tut mir aber gut! Sehr angenehm, was du da an meinem Hals machst. Das gefällt mir, mach nur weiter so. Ich verstehe, was du mir vorschlägst. Das könnte ich einmal ausprobieren. Stimmt, es ist gar keine schlechte Idee!" Auf die Antwort deines Pferdes mußt du nun deine Art, es zu berühren, abstimmen.

Es ist sehr wichtig, daß du lernst, die Antworten deines Pferdes zu verstehen. Körperarbeit ist ein Austausch von Informationen ohne Worte. Es geht nicht darum, dein Pferd durchzukneten wie einen Brotteig! Achte darauf, daß kein Monolog daraus wird – wenn jemand nur „tut" und seine Arbeit nicht als Rede und Antwort mit dem Pferd versteht, ist es kein Miteinander. Daraus kann keine Beziehung entstehen – einfach schon deshalb, weil man sein Tun nicht in Beziehung zu seinem Pferd stellt.

Es kann auch sein, daß dein Pferd gar nicht reagiert; dann arbeitest du vielleicht nicht deutlich genug. Wenn ein Pferd kaum reagiert, sagt es dir damit: „Ich verstehe gar nicht, was du willst. Da kitzelt mich etwas hinter den Ohren, und ab und zu zupfst du an der Kette, aber was soll das Ganze denn?"

Du mußt dir wirklich ganz klar darüber sein, was deine Absicht ist – sonst kannst du sie deinem Pferd nicht vermitteln. Wenn ein Pferd nicht reagiert, heißt das nicht unbedingt, daß du fester arbeiten mußt und mehr Kraft aufwenden sollst, sondern es heißt vor allem: klarer sein!

Es geht in diesem Buch nicht hauptsächlich um Techniken oder Griffe, sondern darum, dir die Kommunikation und die Beziehung, die durch Berührungen entstehen kann, nahezubringen. Die Qualität der Aufmerksamkeit und des Kontaktes ist die Voraussetzung für einen Austausch und eine Beziehung.

Wenn dein Pferd also nicht gleich auf Anhieb versteht, was du von ihm willst, kannst du auch noch andere Möglichkeiten ausprobieren: Du kannst die Hand auf den Mähnenkamm legen. Dazu hältst du mit der linken Hand wie gehabt die Kette, während du mit der rechten Hand am Widerrist beginnend den Hals hinauf arbeitest. Und zwar so: Die Finger liegen auf der rechten, der Daumen auf der linken Seite des Halses. Nun kannst du mit sanftem Druck den Spannungszustand des Halses im Mähnenkamm spüren. Dann schiebst du die Finger und den Daumen mit leichtem Druck ein paar Zentimeter nach vorne. So arbeitest du dich langsam bis hinter die Ohren vor. Die Information, die deine Hände geben, könnte so lauten: „Schau, ich möchte, daß du deinen Hals tiefer nimmst, du brauchst ihn nicht so hoch zu halten."

Aber ehe du bei einem Pferd damit beginnst, probiere diese Berührung einmal am Nacken einer Freundin aus und laß dir erzählen, wie sie das empfindet. Dann soll sie das gleiche an deinem Nacken testen. Dabei dürft ihr ruhig etwas „falsch" machen – denn ihr könnt viel daraus lernen. Wenn deine Freundin damit einverstanden ist und du trotzdem achtsam bleibst, dann drücke auch einmal zu fest! Höchstwahrscheinlich wird deine Freundin dagegen drücken und sich wehren. Nun könnt ihr experimentieren, wie sich ein zu leichter oder auch ungenauer Druck anfühlt. Arbeitet so lange, bis ihr genau die Berührung gefunden habt, die derjenige, der das Pferd spielt, am liebsten mag. Sie ermuntert ihn dazu, den Hals nach vorne und unten zu strecken.

Das ist nun bei jedem etwas anders. Es geht nicht darum, bei dieser Übung eine Art Rezept zu finden, das du dann bei allen Pferden anwenden kannst. Aber du kannst dein Gefühl für die Wirkung deiner Berührung ausbilden. Deine Hände können wie feine Instrumente werden! Mit etwas Übung kannst du spüren, was zuviel und was zuwenig ist – und wann du gerade richtig arbeitest. Denn was bei dem einen Pferd zuviel ist, kann beim nächsten zuwenig sein. Was dir guttut, mag deiner Freundin nicht gefallen.

Nachdem du an deiner Freundin geübt hast, probiere nun deine feinfühligen Hände an deinem Pferd aus. Sobald es

So hilfst du deinem Pferd, den Kopf
zu senken: Du schiebst deine Hände
mit leichtem Druck jeweils ein paar
Zentimeter nach vorne.
Achte genau darauf, wie dein
Pferd reagiert! Nur so kannst du die richtige
Druckstärke herausfinden

dich versteht und den Kopf senkt, lobe es sofort mit der Stimme. Es soll wissen, daß es dich richtig verstanden hat.

Manche Pferde senken ihren Kopf plötzlich und ruckartig. Sie können ihn nur ganz hoch oder ganz tief halten, alle Übergänge sind schwierig für sie.

Ich kenne ein solches Pferd, die Traberstute Minka. Sie war auch in ihrem sonstigen Verhalten so – entweder alles oder nichts. Entweder war sie völlig nervös oder ganz ruhig. Sie war sehr wechselhaft und sprang in Sekundenschnelle von einem Verhaltensmuster in das andere. Minka regte sich nicht langsam auf – nein, sie war ganz ruhig, bis sie irgend etwas erschreckte – und schon war sie in Panik!

In der Art und Weise, wie sie ihren Hals bewegte, sah ich das gleiche Grundmuster wie in ihrem Verhalten: Sie konnte die Haltung des Halses nicht fein abstimmen. Also dachte ich, sie könnte lernen, ihren Hals besser zu bewegen.

Besser? Was heißt das denn? Was unterscheidet eine „gute" Bewegung von einer „schlechten"?

Moshe Feldenkrais hat das einmal so ausgedrückt: „Eine gute Bewegung ist für mich eine Bewegung, die ich jederzeit anhalten und umkehren kann."

Für Minka bedeutete das, den Hals langsam nur ein paar Zentimeter zu senken, dann wieder zu heben und wieder zu senken... Und gerade das konnte sie nicht.

Aber sie hat es gelernt! Ich arbeitete sehr geduldig und behutsam mit ihr, wirklich zentimeterweise. Immer wieder riß sie den Kopf nach unten oder nach oben, und wir mußten von vorne beginnen. Dabei lernte Minka etwas ganz Neues: Selbstkontrolle! Was sie an der Bewegung ihres Halses lernte, übertrug sich auch auf ihr Verhalten – sie reagierte nicht mehr so heftig und extrem. Sie hatte bei der Arbeit mit ihrem Hals begriffen, daß es nicht nur ganz oder gar nicht, sondern sehr viel dazwischen gibt. Minkas Nervensystem hatte die vielen Nuancen der Bewegungen bisher nicht gekannt. Doch jetzt veränderte Minka sich von Grund auf, als sie spürte, wie viele Möglichkeiten ihr zur Verfügung standen, von denen sie bisher nichts gewußt hatte.

LERNEN DURCH BERÜHRUNG

Immer wieder sagen Leute zu mir: „Ach ja, Sie machen ja diese Art Pferdemassage, nicht?"

„O nein", antworte ich dann jedesmal, „die Feldenkraismethode ist keine Massage!"

Ich finde es wichtig, daß du den Unterschied kennst. Denn wenn du mit Pferden arbeitest, mußt du ja schließlich wissen, was du tust, was Ziel und Absicht deiner Arbeit ist. Wahrscheinlich wirst du auch auf dieselbe Frage antworten müssen wie ich!

Ich erkläre den Unterschied zu einer normalen Massage so: Nehmen wir einmal an, Susanne arbeitet den ganzen Tag an einem Schreibtisch. Sie sitzt dabei auf eine Art und Weise, die ihr Rückenschmerzen verursacht. Abends kommt sie heim und ist völlig verspannt. Wenn Susanne nun zu einer ganz normalen Massage geht, wird sie daliegen, und die Masseuse wird ihr die schmerzenden Muskeln durchkneten. Hinterher fühlt Susanne sich wundervoll. Keine Schmerzen und Verspannungen mehr – herrlich!

Das wunderbare Gefühl hält an, bis sie sich am nächsten Morgen wieder an ihren Schreibtisch setzt – und schon geht alles wieder von vorne los. Sie sitzt nicht gut. Gut? Damit meine ich: so, daß sie sich dabei nicht verspannt. Bald stellen sich wieder die altbekannten Rückenschmerzen ein. Also geht Susanne wieder zur Massage – und so weiter.

Wäre Susanne statt zur Massage zu einer Feldenkraislehrerin gegangen, dann hätte sie sich nicht nur besser gefühlt, sondern auch etwas gelernt! Feldenkraislehrer bieten ihren Schülern an, sich ihre gewohnheitsmäßigen Verhaltensmuster anzuschauen. Susanne hätte also lernen können, wie sie es anstellt, Rückenschmerzen zu bekommen.

Wie sitzt sie an ihrem Schreibtisch? Wie kann sie ihre Sitzposition so verändern, daß sie keine Rückenschmerzen mehr bekommt? Nach ein paar Stunden hätte sie gelernt, sich besser zu organisieren. Das bedeutet, so zu sitzen, daß sie ihre Körperstruktur, ihre Muskeln und ihr Skelett optimal nutzt und unnötige Arbeit und Anspannung vermeidet. Nun hat Susanne die Wahl: Sie kann so sitzen wie vorher, oder sie kann neue Möglichkeiten nutzen und anders sitzen.

Susanne saß vorher ja nicht so, weil sie es wollte. Nein, sie war sich gar nicht dessen bewußt, daß ihr Sitzen am Schreibitsch die Rückenschmerzen verursachte. Und sie kannte überhaupt keine Möglichkeit, anders zu sitzen. Sie hat also wirklich etwas gelernt!

Pferde können das auch! Minka hat gelernt, den Kopf auf ein Signal hin tiefer zu nehmen. Sie hat außerdem gelernt, sich differenzierter zu bewegen und zu verhalten.

Differenzierter in bezug auf Bewegung heißt, einfach ausgedrückt: feiner, mit kleinen Abstufungen und vor allem mit mehr Variationsmöglichkeiten in Bewegungs- und Verhaltensmustern.

Dazu ein Beispiel: Wenn Minka ein Geräusch hört und sich mit dem ganzen Körper umdreht, dann ist das eine undifferenzierte Bewegung: Alles bewegt sich auf einmal. Wenn sie nur den Kopf dreht, ist das schon differenzierter: Kopf und Körper führen unterschiedliche Bewegungen aus.

Hätte ich Minka nur ihren Nacken massiert, dann hätte sie nichts gelernt. Sie hätte sich vielleicht etwas besser gefühlt, sich aber beim nächsten Schreck sofort wieder verspannt.

Wenn dein Pferd nun gelernt hat, in einer normalen Situation den Kopf auf dein Signal hin zu senken, kommt der nächste Schritt: Es kann nun lernen, den Kopf auch aus der Fluchthaltung heraus zu senken, wenn es erschrickt oder vor etwas Angst hat. Wenn du dein Pferd an etwas heran- führst, vor dem es Angst hat, wird es wahrscheinlich zu- erst den Kopf hochwerfen und weglaufen wollen. Zumin- dest wird es sich weigern, weiterzugehen. Nun kannst du deinem Pferd die Gelegenheit geben, das Gelernte anzu- wenden und eine neue Möglichkeit wahrzunehmen. An- statt den Kopf hochzuwerfen, kann es ihn senken. Nun kann es anschauen, was da so erschreckend wirkte. Mei- stens sieht das Furchterregende gar nicht mehr so schlimm aus, wenn es aus der Ruhehaltung betrachtet wird!

In vielen Feldenkraislektionen geht es um die Differenzierung einer Bewegung, also darum, sie sozusagen in Einzelteile zu zerlegen und sie dann in nicht gewohnheitsmäßigen Mustern auszu- führen.
So kann man zum Beispiel an der Drehung des Oberkörpers arbeiten: den Rumpf nach rechts drehen, den Kopf nach links und die Augen nach rechts. Die Wirkung einer solchen Differen- zierung liegt darin, daß die Ausgangsbewegung (die Drehbewegung des Oberköpers) uns sehr viel bewußter wird und wir sie leichter, ge- schmeidiger und mit weniger Anstrengung aus- führen können.

Sprechende Hände

Erinnerst du dich noch an Ljoschka? Die Stute aus Island, die anfangs so ängstlich war? Auch Ljoschka mußte das Kopfsenken erst lernen. Zunächst stand sie schreckerfüllt mit hochgeworfenem Kopf vor jedem Stückchen Papier oder Plastik. Aus dieser Haltung heraus konnte sie höchstens mit einem riesigen Satz über das Furchterregende hinwegspringen, es sich aber gar nicht ruhig aus der Nähe ansehen oder es beschnobern.

Du kannst ein Pferd nicht mit Gewalt dazu zwingen, den Kopf zu senken. Du kannst es auch nicht zwingen, etwas zu lernen. Aber du kannst deinem Pferd ein Angebot machen, das etwa so klingt: „Schau mal, wenn du den Kopf senkst, hast du gar nicht mehr soviel Angst, merkst du das? Dieses Stück Papier tut dir gar nichts. Sieh es dir in Ruhe an, dann gehen wir langsam und mit tiefem Kopf daran vorbei."

Die allermeisten Pferde merken schnell, daß diese Art, mit etwas Schreckerregendem umzugehen, wesentlich angenehmer ist. Ljoschka gewann sogar ein neues Selbstbild und viel Selbstvertrauen – heute ist sie ein zuverlässiges, unerschrockenes Geländepferd! Und wenn sie doch einmal erschrickt, beugt ihre Reiterin sich im Sattel vor und arbeitet kurz an der Stelle hinter den Ohren. Entweder schiebt sie von oben den Daumen und die Finger – wie schon auf Seite 65 beschrieben – beidseitig mit leichtem Druck ein paar Zentimter nach vorne, oder sie arbeitet nur auf einer Halsseite. Dabei streicht sie mit einer Hand wiederholt mit sanftem Druck von hinten nach vorne und unten – und Ljoschka erinnert sich und erkennt das Signal auch vom Sattel aus: Sie nimmt den Kopf tiefer, betrachtet das Furchterregende und kann nun entscheiden, ob sie wirklich Angst haben muß oder nicht.

AUF DEM RÜCKEN DER PFERDE ...

... liegt zwar für viele *Menschen* das „Glück der Erde". Aber wie sieht es denn mit dem besagten Rücken des Pferdes aus, wenn es geritten wird? Wie fühlt sich der Pferderücken dabei? Ist dein Pferd genauso glücklich wie du, wenn du es reitest?

Viele Pferde sind im Rücken sehr empfindlich. Oftmals machen sie ihren Schmerzen oder ihrem Unbehagen durch Buckeln oder Schnellerwerden Luft – und werden dafür prompt bestraft!

Natürlich haben nicht alle Pferde Rückenschmerzen. Es gibt aber viele Pferde, die im Rücken verspannter sind, als sie es sein müßten, die ihren Rücken unter dem Reitergewicht durchdrücken, anstatt ihn rund zu machen, und deren Rücken infolgedessen auch nicht schwingen kann. So macht das Reiten weder dem Pferd noch dem Reiter Spaß. Der Reiter wird geworfen, das Pferd hat „harte Gänge", und es rüttelt einen nur so durch – mit dem Erfolg, daß beiden nach dem Reiten die Knochen weh tun!

Es gibt viele Gründe für verspannte, schmerzende Pferderücken. Grund Nummer eins ist der Reiter. Wie oft sieht man Leute ihren Pferden schon beim Aufsitzen schwer in den Rücken fallen! Und der „blöde Bock" steht ja dabei nie still, nicht wahr? Aber damit noch nicht genug. Da wird dem Pferd beim Leichttraben in den Rücken geplumpst, und das in vielen Reitschulen erwünschte „Auswischen" des Sattels beim Galoppieren wird zum ständigen Fallen in den Sattel. Das ist für Pferd und Reiter unangenehm oder sogar schmerzhaft.

Versuche also immer, dich beim Leichttraben so in den Sattel zu setzen, daß du nur dein Körpergewicht in den Sattel bringst – also nicht fällst, sondern nur weich einsitzt! Stell dir vor, du hättest eine im Sattel eingebaute Waage – würde der Zeiger über dein eigenes Gewicht hinausgehen, wenn du dich hinsetzt?

Du kannst das zu Hause auch einmal auf einem Stuhl ausprobieren. Stell dazu eine Waage auf die Sitzfläche und setze dich dann hin. Was zeigt die Waage an? Nun probiere das gleiche noch einmal, wenn du dich auf den Stuhl plumpsen läßt! Der Zeiger wird erst einmal mehr Gewicht als dein eigenes anzeigen. Und all das muß der Pferderücken auffangen! Übe eine Weile und experimentiere mit verschiedenen Arten, dich hinzusetzen, ohne mehr als dein Gewicht auf die Waage zu bringen.

Und wie ist das beim Aufstehen? Wie verhält sich die Waage da?

Viele Menschen sind sich leider gar nicht im klaren darüber, was sie ihren Pferden zumuten, wenn sie ihnen ständig in den Rücken fallen!

Natürlich fängt jeder einmal an. Auch ich bin Pferden in den Rücken gefallen und im Galopp im Sattel herumgehüpft. Reiten muß erlernt werden, und ein guter, weicher Sitz kommt nicht über Nacht. Jeder macht am Anfang Fehler, das ist ganz normal. Würde man sie nicht machen, so würde man nicht reiten lernen.

In manchen Reitschulen kann man glücklicherweise den korrekten Sitz erst einmal auf dem geduldigen Rücken eines Holzpferdes üben, das einem die Fehler nicht übelnimmt. So bleibt den lebendigen Pferden einiges erspart, und man kann getrost ein paar Schnitzer machen und verschiedene Sitze ausprobieren.

Ich wollte, alle Reitschulen hätten ein Holzpferd in ihrem Stall! Es bleibt geduldig stehen, während man den richtigen Sitz in allen Einzelheiten erklären kann, wird nicht müde und frißt nicht einmal etwas! Das Ausmisten erübrigt sich natürlich auch!

Aber nach den ersten Versuchen auf dem Holzpferd kommt man dann auf ein „richtiges" Pferd. Das ist etwas ganz anderes, es bewegt sich, ist ein lebendiges Wesen. Und der auf dem Holzpferd so stabile Sitz kommt ziemlich ins Wackeln ...

Besonders wichtig für den Pferderücken ist ein passender Sattel. Unpassende und schlecht sitzende Sättel verursachen Schmerzen, Druck und Scheuerstellen. Es ist ganz wesentlich, daß der Sattel deinem Pferd wirklich paßt! Alle Körperarbeit der Welt nützt dem Pferd nichts, wenn es dann wieder einen drückenden Sattel aufgelegt bekommt.

Woran man ganz genau sehen kann, daß ein Sattel wirklich paßt, kann ich in diesem Buch nicht erklären. Aber es gibt andere Fachbücher, in denen du das nachlesen kannst. Hier schreibe ich nur ein paar Faustregeln für dich auf.

Der Sattel muß dem Pferd so passen, daß er auf keinen Fall auf den Widerrist drückt. Und zwar auch dann nicht, wenn der Reiter im Sattel sitzt! Er soll auch nicht zu weit vorne liegen, sonst beeinträchtigt er die Bewegungsfreiheit des Schulterblattes. An der Zeichnung des Skelettes auf den Seiten 50 und 51 kannst du sehen, wo sich das Schulterblatt befindet, und du kannst es auch fühlen. Die Sattelpauschen dürfen nicht darauf liegen! Außerdem darf der Sattel nicht zu weit sein, denn sonst „schwimmt" er auf dem Pferderücken und verursacht Scheuerstellen. Er soll auch nicht zu eng sein, sonst kneift er seitlich und verteilt das Reitergewicht nicht gut.

Es gibt auch Pferde, die aufgrund ihres Körperbaus Schmerzen haben – vor allem, wenn sie Dinge tun müssen, für die sich ihr Körperbau nicht gut eignet.

So ist das zum Beispiel bei Bella. Sie ist eine Mischlingsstute, die ich letzes Jahr bei einem Kurs in Italien kennengelernt habe. Ihre Hinterhand steht zu weit nach hinten hinaus, man nennt das ein schlecht geschlossenes Gebäude. Deshalb hat Bella Schwierigkeiten, mit der Hinterhand unterzutreten und neigt dazu, die Vorhand übermäßig zu belasten. Wenn man von ihr dressurmäßige Versammlung verlangt, tut sie sich damit sehr schwer. Bella hat Rückenschmerzen, weil ihr Körperbau sich schlecht dafür eignet, *überhaupt* einen Reiter zu tragen. Sie hätte vielleicht sogar als Wildpferd Schmerzen und Verspannungen gehabt. Ich schreibe das für dich auf, damit du mehr Mitgefühl für den Rücken deines Pferdes bekommst und dir bewußt machst, daß ihm oft viel zugemutet wird. Auch wenn du noch so gut reitest, muß der Rücken dich doch tragen.

Ganz generell ist ein Trachten- oder Westernsattel schonender für den Pferderücken als ein „normaler" englischer Sattel. Obwohl der Westernsattel mehr Gewicht hat, verteilt er es doch besser auf dem Pferderücken.

Wie viele glückliche Stunden hat dein Pferd dir schon geschenkt? Immer sind wir es, die etwas von den Pferden wollen, auf Kosten ihrer Freiheit und oft sogar ihrer artgemäßen Lebensweise.

Sicher, wir bedanken uns mit guter Pflege, einem Halsklopfen und einem Leckerbissen, aber ist das wirklich genug? Dem Rücken seines Pferdes etwas Gutes zu tun, nachdem oder bevor es einen trägt – das ist etwas, an das die wenigsten Menschen denken. Dabei haben es unsere Pferde wirklich verdient, meinst du nicht auch?

DIE WIRBELSÄULE

Natürlich muß man die Rückenwirbelsäule im Zusammenhang mit der gesamten Wirbelsäule betrachten. Ich stelle sie mir gerne wie eine Schnur mit einer Reihe von verschieden großen Perlen, den Wirbeln, vor: Die Bewegung jeder Perle hat eine Wirkung auf die gesamte Schnur.

Die Wirbelsäule eines Pferdes beginnt mit den großen Halswirbeln am Kopfansatz und endet mit den kleinen Wirbeln in der Schweifrübe – schau dir die Zeichnung des Skelettes auf den Seiten 50 und 51 an!

Bevor du nun mit deinem Pferd arbeitest, probiere das Erspüren der Wirbelsäule mit einer Freundin oder einem Freund aus. Dazu steht dein Partner am besten. Lege ihm nun eine Hand auf die Schulter, während die andere Hand die Wirbelsäule erspürt.
Wo kannst du die einzelnen Wirbelkörper ertasten? Wie

verläuft die Wirbelsäule? Wie groß sind die einzelnen Wirbel? Wie fühlen sich die Muskeln um die Wirbelsäule herum an? Kannst du spüren, wo die Rippen beginnen? Findest du die Dornfortsätze? Spürst du die Bewegung des Atems deiner Partnerin oder deines Partners in diesem Bereich?

Dein Partner darf und soll es selbstverständlich sofort sagen, wenn ihm etwas unangenehm ist oder ihn gar schmerzt – auch Pferde lassen dich das im allgemeinen sehr schnell wissen!

Nachdem du nun deine Erkundungsarbeit beendet hast, tauscht ihr die Rollen. Nun kannst du fühlen, wie sich dieses Erforschen deines Rückens anfühlt. So wirst du ein viel besseres Gefühl für die Wirkung dieser Arbeit bekommen. Und laßt euch bitte Zeit! Es hat keinen Sinn, in zwei Minuten die Wirbelsäule entlangzurattern. Dabei spürt niemand viel, vor allem nicht, wenn er ungeübte Hände hat. Also immer lieber zu langsam als zu schnell arbeiten. Hastiges Arbeiten macht Pferde und Menschen außerdem meist nervös.

Nun könnt ihr beide diese Übung an deinem Pferd ausprobieren. Suche dir einen ruhigen Platz, an dem ihr möglichst nicht gestört werdet. Deine Freundin sollte dein Pferd halten. Wenn du alleine arbeitest, kannst du es auch anbinden.

Deine Hände stellen nun die gleichen Fragen wie vorhin an deine Freundin, und noch ein paar mehr: Fühlt sich der

Sprechende Hände

Rücken auf beiden Seiten der Wirbelsäule gleich an? Reagiert dein Pferd in bestimmten Bereichen besonders empfindlich? Wie fühlen sich die Muskeln in der Lendenpartie an?

Beim Erkunden des Pferderückens muß man aufpassen, daß man nicht direkt von oben auf die Wirbelkörper drückt. Die Berührung darf nur seitlich zwischen den Dornfortsätzen stattfinden

DIE KÖRPERSPRACHE DER PFERDE

Achte während der Arbeit auf die Antworten, die dein Pferd dir gibt.

Die Ohren können sehr viel Verschiedenes ausdrücken! Sie sind wie Antennen für dein Pferd. Es stellt sie oft in die Richtung, in der es etwas Interessantes wahrnimmt. Zurückgelegte Ohren sind meist ein Zeichen von Aufmerksamkeit, die nach hinten gerichtet ist. Wenn du also am Rücken arbeitest, und dein Pferd stellt die Ohren nach

**Dieses Pferd zeigt ein extremes Drohgesicht:
Es hält den Kopf tief, hat die
Ohren zurückgelegt,
die Augen weit aufgerissen
und schnappt sogar**

hinten, so achtet es aufmerksam auf das, was du tust. Wenn aber die Ohren flach nach hinten gepreßt sind, ist das ein Zeichen von Aggression. Unruhige Pferde spielen oft unentwegt mit den Ohren, ruhige Pferde bewegen sie weniger und können sie auch entspannt hängenlassen.

Die Nüstern drücken viele Empfindungen aus. Bei heftigem Atmen werden sie ganz groß. Und wenn dein Pferd den Atem anhält, ziehen sie sich klein zusammen. Um Mißmut auszudrücken, können Pferde die Nüstern so hochziehen, daß sich sogar kleine Falten über ihnen bilden.

Die Augen verraten dir viel darüber, was in deinem Pferd vorgeht. Wenn sie so weit aufgerissen sind, daß man das Weiße sehen kann, ist dein Pferd erschrocken, oder es tut ihm etwas weh. Pferde, die sich bei der Körperarbeit entspannen, können oft mit halbgeschlossenen Augen dastehen und genießen.

Das Maul eines Pferdes kann weich und entspannt sein. Das Pferd kann aber auch die Lippen fest zusammenpressen und das Kinn steinhart verspannen.

Natürlich ist der Ausdruck des Pferdes ein Zusammenspiel von Augen, Ohren, Nüstern, Maul und dem ganzen Körper. Obwohl die grundsätzlichen Ausdrucksmöglichkeiten bei allen Pferden gleich sind, unterscheiden sie sich doch voneinander, und jedes hat eine andere Mimik – ähnlich wie wir Menschen.

Jedes Pferd wird seine Ausdrucksmöglichkeiten je nach Charakter und Temperament etwas anders nutzen. Es gibt Pferde, die vielleicht erst mildere Signale ihres Unbehagens zeigen, indem sie den Kopf schütteln, die Nüstern hochziehen oder die Luft anhalten. Wenn du aber diese Zeichen nicht wahrnimmst oder sie nicht verstehst, kann es sein, daß dein Pferd zu stärkeren Ausdrucksmöglichkeiten greift und versucht, dich zu beißen! Wenn du jemandem sagst, daß er dir weh tut und derjenige nicht reagiert, wirst du ja wahrscheinlich auch laut schreien, oder? Übersieh also bitte die ersten kleinen Anzeichen von Unbehagen nicht!

Manchmal liegt der Grund für das Unbehagen deine Pferdes vielleicht auch nicht in deiner Arbeit. Schlägt dein Pferd zum Beispiel mit dem Schweif, weil die Fliegen es plagen? Auch heftiges Stampfen oder das Schlagen mit den Hinterhufen unter den Bauch kann den Fliegen gelten! Oder legt dein Pferd vielleicht die Ohren flach zurück und schnappt in die Luft, weil gerade ein anderes Pferd vorbeigeführt wird, das es nicht mag?

Manche Pferde, die bestimmte Schwierigkeiten haben, müssen erst einmal lernen, Berührungen zu akzeptieren. In solchen Fällen kann es nützlich sein, trotz des offensichtlichen Mißfallens des Pferdes weiterzuarbeiten. Aber Achtung! Das ist nichts für Anfänger. So etwas kann nur jemand machen, der über besonders viel Erfahrung, Wissen und Können verfügt. Wenn du den Eindruck hast, daß dein Pferd solche grundsätzlichen Schwierigkeiten hat, solltest du eine wirklich erfahrene Person um Hilfe bitten.

So kann dein Pferd dir zeigen, daß ihm nicht gefällt, was du mit ihm machst. Es kann:
- **den Kopf unwillig hochreißen und schütteln,**
- **mit dem Schweif schlagen,**
- **unruhig hin und her treten,**
- **die Luft anhalten,**
- **den Rücken wegdrücken,**
- **die Nüstern hochziehen,**
- **Maul und Kinn verspannen, bis Falten über den Mundwinkeln sichtbar werden,**
- **mit den Augen rollen und sie aufreißen,**
- **versuchen zu beißen,**
- **versuchen zu schlagen,**
- **unwillig schnauben.**

Bitte sei vorsichtig, nur zu leicht kommt es sonst zu einem Unfall! Es könnte passieren, daß du gebissen oder getreten wirst. Geh im Zweifelsfall immer auf Nummer Sicher. Du solltest die Übungen in diesem Buch an einem freundlichen Pferd ausprobieren, nicht gleich an dem schwierig-

Sprechende Hände

Ein typisches Schmerzgesicht: Das Pferd hat tiefe,
angestrengte Falten über den Augen und ein verkrampftes Maul

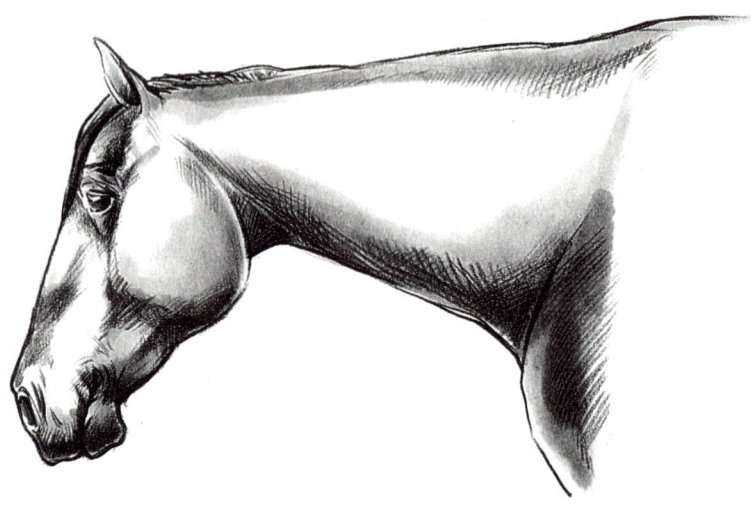

sten Problempferd, das sich kaum aufhalftern läßt!
Falls dein Pferd also zeigt, daß ihm deine Berührung unangenehm ist, solltest du dir folgende Fragen stellen: Arbeite ich mit zuviel Druck und verursache dadurch Schmerzen? Arbeite ich mit zuwenig Druck und irritiere so mein Pferd? Berühre ich mein Pferd an einer Stelle, an der meine Hände ihm angst machen oder unangenehme Erinnerungen hervorrufen? Hat es dort vielleicht eine Verletzung? Atme ich gut? Sind meine Hände und Gelenke bei der Arbeit weich? Arbeite ich zu schnell oder zu langsam? Bin ich wirklich ganz dabei, oder denke ich vielleicht an die morgige Mathearbeit oder an das Abendessen? Macht mir das

Sprechende Hände

Arbeiten noch Freude, oder möchte ich lieber aufhören? Arbeite ich vielleicht zu lange?

Wenn dein Pferd dir zu verstehen gibt, daß ihm deine Arbeit unangenehm ist, suche dir eine Stelle, an der es gerne berührt wird.

So zeigt dein Pferd dir, daß ihm deine Berührung guttut:

- **Es atmet tief und gleichmäßig.**
- **Es senkt den Kopf vertrauensvoll.**
- **Es beginnt zu kauen und zu schlucken (ein Zeichen dafür, daß das Nervensystem neue Informationen verarbeitet).**
- **Es bleibt ruhig stehen und entlastet vielleicht sogar ein Hinterbein.**
- **Die Nüstern sind entspannt.**
- **Das Maul ist entspannt, das Kinn ist weich, die Lippen sind beweglich.**
- **Das Pferd schließt die Augen halb, sein Blick wird weich und ruhig.**
- **Es schnaubt zufrieden.**

Wenn dein Pferd Angst hat, sich an die Ohren fassen zu lassen, fange mit etwas an, das für das Pferd nicht bedrohlich ist – zum Beispiel mit den Beinen. Gehe – wenn überhaupt – nur ganz behutsam direkt an Verletzungen oder stark schmerzende Stellen heran. So wird sich dein Pferd sicher und nicht bedroht fühlen.

Wenn dein Pferd dir zeigt, daß ihm deine Berührung angenehm ist, kannst du also getrost so weitermachen. Aber du solltest dein Pferd auch weiterhin gut beobachten und auf seine Reaktionen achten. Es kann nämlich sein, daß ihm deine Arbeit angenehm war, du dann aber plötzlich an eine empfindliche Stelle kommst. Dann darfst du die Signale deines Pferdes nicht übersehen!

Es gibt etwas, was du unbedingt vermeiden solltest: Bitte keinen direkten Druck von oben auf die Wirbelkörper ausüben! Das ist sehr unangenehm!
Lasse einmal eine Freundin ganz leicht direkt auf einen deiner Wirbel drücken. Du wirst wahrscheinlich dem Druck ausweichen wollen und ein Hohlkreuz machen! Das tut dir nicht gut – und den Pferden auch nicht!
Überlege dir einmal, welche Information du deinem Pferd gibst, wenn du von oben auf einen Wirbel drückst. Es wird bestenfalls meinen, daß du es dazu auffordern willst, den Rücken durchzudrücken – und gerade das soll es ja nicht lernen! Denn ein weggedrückter Rücken ist ein Teil des Bewegungsmusters zum Fluchtreflex. Er hat meist einen hochgeworfenen Kopf zur Folge. Und mit einem durchgedrückten Rücken kann das Pferd seinen Reiter nicht kräftesparend und schmerzfrei tragen. Die Schmerzen unter

dem Sattel wiederum verstärken den Fluchtreflex, denn vor etwas Unangenehmem möchte das Pferd erst einmal weglaufen. So kann man schnell in einem Teufelskreis gefangen sein.

Wenn du also an der Wirbelsäule arbeiten möchtest, dann bitte nicht direkt auf den Wirbelkörpern, sondern seitlich zwischen den Dornfortsätzen.
Probiere auch das erst mit deiner Freundin aus. Drücke leicht mit den Fingerkuppen seitlich gegen jeden einzelnen Wirbel. Die andere Hand liegt auf der Schulter deiner Freundin.
Wie fühlt sich die Berührung im Vergleich zum Druck von oben auf die Wirbel an? Wie antwortet deine Partnerin auf die Berührung? Wie spürt sie ihre Wirbelsäule? Wie empfindet sie deine Berührung?
Das alles sind dieselben Fragen, die du dir später dann auch bei der Arbeit *mit* deinem Pferd stellen kannst. Ich betone das *mit*, weil ich so oft Leute sagen höre: „Ich arbeite *an* meinem Pferd." Allein schon diese Wortwahl drückt ja ihre innere Einstellung aus. Man arbeitet *an* einem Haus, einem Gemälde, einem Ding – aber *mit* jemandem, einem anderen Menschen, einem Partner, einem Schüler. Ich möchte dir mit diesem Buch eine Grundausstattung an Möglichkeiten geben, *mit* deinem Pferd zu arbeiten, gemeinsam neue Wege der Verständigung zu finden.

Sprechende Hände

Deine Berührung kann unterschiedliche Wirkungen haben. Ich schreibe dir hier zwei ganz wichtige auf:
1. Die Wirbelsäule und ihr Verlauf wird dem Pferd bewußter.
2. Du kannst die Arbeit der Muskeln mit deinen Händen übernehmen und so unnötige Anspannungen im Muskel verringern.

„Warum ist es wichtig, daß ein Pferd seine Wirbelsäule bewußt wahrnimmt?" wirst du dich vielleicht fragen.

Nur wenn man einen Körperteil spürt, hat man eine Wahl, wie man ihn verwenden möchte. Das klingt im ersten Moment vielleicht komisch, aber die meisten Menschen spüren ihre Wirbelsäule – wenn überhaupt – nur teilweise. Wie soll ich mich zum Beispiel zwischen den Schulterblättern biegen, wenn ich gar nicht genau spüre, welche Wirbel dort sind?

Viele Pferde haben ein unvollständiges Selbstbild. Das heißt, sie wissen nicht, daß sie eine Rückenwirbelsäule haben und spüren sie auch nicht sehr genau. Oder sie spüren und benutzen nur bestimmte Teile ihres Körpers und andere nicht.

Ich denke da an Pirat, einen großen Haflingerwallach, mit dem ich einmal gearbeitet habe. „Er biegt sich einfach nicht", klagte seine Besitzerin. Ich sah mir Pirat unter dem Sattel an – es stimmte. In einer Wendung bog Pirat zwar den Hals, aber damit hatte es sich. Seine Rückenwirbelsäule blieb relativ gerade.

Spüren ist etwas ganz anderes als theoretisches Wissen! Allein zu wissen, wo welche Wirbel liegen, heißt noch lange nicht, daß ich diese Wirbel nun auch benutzen kann. Spüren ist Wissen auf der kinästhetischen Ebene, also einer Ebene von Empfindungen. Am besten ist es, sowohl die theoretische als auch die kinästhetische Ebene von Wissen zu haben, wenn du mit Pferden arbeiten möchtest.

Als ich nachfragte, erfuhr ich, daß Pirat früher vor dem Wagen gegangen war. Deshalb hatte er nicht gelernt, sich zu biegen! Zwischen den Anzen war das ja nicht möglich, da konnte er sich auch in einer Wendung nur gerade halten.
Es galt also, ihm ein Gefühl für die Beweglichkeit seiner Wirbelsäule zu vermitteln und ihm eine neue Art des Biegens zu zeigen. Ich arbeitete viel mit seiner Wirbelsäule und half ihm zu spüren, wie er sich biegen konnte.

Das kannst du gleich einmal mit deiner Freundin ausprobieren. Diesmal stellst du dich auf allen vieren auf den Boden.
1. Nun probiere einmal aus, was Pirat gelernt hatte. Du drehst nur den Nacken nach links und nach rechts, ohne

die Wirbelsäule in diese Bewegung mit einzubeziehen.

2. Dann versuche, auch deine Wirbelsäule seitlich zu biegen, wenn du den Nacken drehst. Nun kannst du wahrscheinlich bis zu deiner Ferse schauen. Bei einer Biegung nach rechts werden die Rippen auf der rechten Seite einander näher kommen, während die Rippen auf der linken Seite sich auffächern und der Abstand von Rippe zu Rippe sich vergrößert.

3. Nachdem du diese Bewegung in beide Richtungen einmal ausprobiert hast, soll deine Freundin die Biegung der Wirbelsäule unterstützen, indem sie leicht mit den Fingerkuppen seitlich zwischen den Dornfortsätzen an die Wirbelsäule drückt – natürlich in die Richtung, in die du dich biegst, und nicht dagegen. Diese Unterstützung der Wirbel heißt: „Siehst Du, *hier* kannst du dich biegen!" So kann sie deine Wirbelsäule einladen, sich an der Bewegung des Biegens zu beteiligen. Es ist kein Zwang hinter der Berührung, die Absicht sollte wirklich eine Einladung sein – man kann sie annehmen oder auch nicht.

Übt miteinander, bis euch die Bewegung klar ist und bis deine Partnerin die beste Art gefunden hat, deine Bewegung unterstützend zu begleiten. Dann wechselt ihr, damit nun auch du üben kannst.

Natürlich sind die Proportionen eines Pferdes anders als

unsere. Sein Hals ist viel länger, die Wirbel sind größer –
aber die Grundformen des Skelettes sind doch vergleich-
bar.

HALS UND RÜCKEN BIEGEN SICH

Nun möchtest du diese Übung mit deinem Pferd machen.
Deine Partnerin sollte den Kopf des Pferdes leicht zur Seite
nehmen, so daß es den Hals biegt. Ihr solltet beide auf der-
selben Seite des Pferdes stehen. Denn falls es einmal erschrickt, kann es zu der Seite springen, auf der niemand
steht!
Am besten legst du eine Hand so über den Widerrist, daß
sie von der anderen Seite leicht gegenhält. So beugst du
einem Mißverständnis vor. Dein Pferd könnte nämlich den
ungewohnten Druck deiner Finger als Aufforderung verstehen, zur Seite zu treten – und das meinst du ja nicht.
Falls dein Pferd von dir weg treten möchte, kannst du mit
der auf der anderen Seite des Widerristes liegenden Hand
gegenhalten.
Mit der anderen Hand drückst du so, wie du es mit deiner
Freundin geübt hast, seitlich zwischen den Dornfortsätzen
leicht gegen die Wirbel. So begleitest du die Wirbel in der
Bewegung und unterstützt die seitliche Biegung.
Deine Hände sagen nun deinem Pferd: „Hier ist deine Wirbelsäule. Spürst du die einzelnen Wirbel? Hier ist einer und
hier und hier. Und du kannst dich an dieser Stelle sogar bie-

Diese Übung führt ihr am besten zu zweit aus:
Während eine von euch den Kopf des Pferdes leicht zur Seite nimmt, drückt
die andere seitlich zwischen den Dornfortsätzen leicht gegen die Wirbel

gen! Spürst du, wie das geht? Wie fühlt sich das an?"
Diese Übung kannst du auf beiden Seiten der Wirbelsäule
ausführen, wenn deine Partnerin den Kopf des Pferdes
leicht auf die andere Seite wendet. Dabei ist es wichtig,
daß sich der Hals seitlich biegt, aber nicht verdreht wird!
Das heißt, daß der Kopf in der gleichen Stellung zum Boden bleibt. Die Nüstern haben den gleichen Abstand zum
Boden und gehen nicht höher hinauf. Sonst hält dein
Pferd den Kopf schief, und die Wirbel drehen sich, anstatt
sich seitlich zu biegen. Das ist aber eine ganz andere Bewegung, die auch in der Biegung unter dem Sattel nicht er-
wünscht ist.

Probiere es selbst aus: Wenn du deinen Kopf schief hältst,
bringst du zum Beispiel das linke Ohr näher an die linke
Schulter. Beim Drehen des Kopfes verändert sich der Abstand zwischen Ohr und Schulter nicht, aber die Nase geht
von rechts nach links.

Nachdem du die Biegung der Rückenwirbelsäule ein paarmal wie vorhin beschrieben auf jeder Seite begleitet hast,
tauscht ihr die Positionen. Nun hältst du das Pferd, und
deine Freundin arbeitet mit seinem Rücken. Falls sich das
Pferd gegen das Biegen wehrt, solltet ihr die Biegung und
die Bewegung kleiner machen. Erst wenn das gut geht,
könnt ihr die Bewegung langsam wieder vergrößern.

Nun hat dein Pferd ein besseres Gefühl für seine Wirbelsäule und wird sich wahrscheinlich besser biegen können.
Pirat hatte eine neue Möglichkeit dazugewonnen: Er

konnte nun wie bisher mit geradem Rücken durch die Kurven gehen – oder er konnte seinen Rücken in die Bewegung mit einbeziehen und sich biegen. Nun erst war er in der Lage, die Hilfen seiner Reiterin überhaupt zu verstehen und anzunehmen.

Auch Pferden, die sich gut biegen können, hilft diese Übung. Sie verbessert ihre Biegsamkeit noch mehr und gibt ihnen mehr Geschmeidigkeit und Beweglichkeit, auch unter dem Sattel. Volten und Zirkel werden genauer, Schlangenlinien lassen sich leichter reiten, und das Pferd wird seinen Rücken besser spüren und einsetzen können.

DIE ARBEIT DER MUSKELN ÜBERNEHMEN

Wenn ein Pferd oder ein Mensch gewohnheitsmäßige Muskelverspannungen hat, kann das zum einen Schmerzen und Ermüdungserscheinungen hervorrufen, zum anderen auch die Atmung behindern.

Ein Muskel soll eigentlich arbeiten, wenn er gebraucht wird, und sich dann wieder entspannen. Bei manchen Pferden funktioniert das aber nicht mehr so, im Rückenbereich zum Beispiel aufgrund eines schlecht sitzenden Sattels oder Reiters.

So kannst du den Rücken deines Pferdes entlasten: Du legst beide Hände mit den Handflächen nach unten auf einer Seite der Wirbelsäule auf den Rücken. Nun schiebst du die Hände leicht zusammen und hältst die Muskel-

Sprechende Hände

Indem du deine Hände leicht zusammenschiebst, hältst du die Muskelpartie, auf der deine Hände liegen

partie, auf der deine Hände liegen. Das richtige Maß des Haltens ist hier wichtig: nicht so sehr, daß es die Atembewegung beeinträchtigt oder hemmt, aber doch genug, um dem Muskel das Gefühl zu geben, gehalten zu werden.

Die im Muskel liegenden Nerven senden nun nämlich eine Nachricht an das Gehirn: „Da hält mich jemand von außen, soll ich nun auch noch selbst halten?" Und vom Gehirn kommt es zurück: „Wenn da jemand schon deine Arbeit übernimmt, kannst du dich einmal ausruhen!"

Und der Muskel gehorcht und entspannt sich! Das ist eine feine Sache. Denn nun verbessert sich die Durchblutung, und der Atem kann freier gehen. Bewegungen, die durch den übermäßigen Spannungszustand des Muskels gehemmt waren, sind nun viel leichter möglich. Und die Schmerzen lassen nach!

Schmerzen, die aufgrund von Verspannungen entstehen, können nämlich einen richtigen Teufelskreis ins Leben rufen. Das war bei Galani, einem zehnjährigen Wallach, der Fall. Sein Rücken war steinhart verspannt. Ein schlecht sitzender Sattel hatte anfangs seine Rückenschmerzen hervorgerufen. Als eine Art Schutzmechanismus gegen den drückenden Sattel verspannte Galani seine gesamte Rückenmuskulatur. Auch wenn der Sattel nicht auf dem Rücken lag, behielt er die Verspannung bei – und bald tat ihm der Rücken allein schon aufgrund seiner verkrampften Muskeln weh. So verspannte er sich immer mehr, ließ sich kaum mehr reiten und buckelte, um seine Schmerzen loszuwerden ... Bei Galani bewirkte das sanfte Halten der verspannten Muskeln große Erleichterung. Endlich konnte er loslassen!

Das Nervensystem ist schlau – es vermeidet unnötige Anstrengung und Schmerzen, wenn es nur irgend geht.

Das Halten der Muskeln könnt ihr wieder aneinander üben. Wichtig ist es dabei, langsam zu arbeiten! Wenn du plötzlich an einen schmerzenden Muskel gehst, bewirkst du bei deinem Partner ebenso wie bei deinem Pferd höchstens eine noch stärkere Verkrampfung. Deine Hände sollen die Arbeit des Muskels ganz allmählich übernehmen – und nach einer Zeit des Haltens dann ebenso allmählich wieder loslassen. Am besten so, daß der gehaltene Muskel es gar nicht merkt! Denn sonst verspannt er sich gleich wieder.

Wenn ihr diese Übung aneinander ausprobiert, könnt ihr ja testen, wie es sich anfühlt, wenn der Partner plötzlich die Hände wegnimmt. Damit läßt er den gerade noch so angenehm gehaltenen Muskel sozusagen einfach fallen.

Das Halten der Muskeln kannst du an verschiedenen Körperteilen deines Pferdes ausprobieren: die gesamte Wirbelsäule entlang bis zum Schweifansatz, an den Rippen und besonders an den Flanken. Wenn dort unnötige Verspannungen bestehen, beeinträchtigen diese nämlich die Atembewegung der Rippen!

Spüre nur erst einmal die Atembewegung im Flankenbereich, also da, wo die Wirbelsäule in das Becken übergeht. Wenn du die Muskeln dort unterstützend hältst und sich ihre Spannung verringert, antwortet dein Pferd vielleicht mit einem tiefen Atemzug darauf, und seine gesamte Atmung vertieft und verlangsamt sich.

Der Atem ist sehr wichtig. Er fördert die Durchblutung, und dein Pferd ist leistungsfähiger und ruhiger, wenn es tiefer atmet. Es fühlt sich dann viel wohler!

„OHNE BEINE KEIN PFERD!"

So lautet ein altes Reitersprichwort. Und es stimmt ja – ein lahmes Pferd kann man nicht reiten! Die Beine der Pferde müssen sehr viel leisten. Sie tragen dich über Stock und Stein, und je nach Reitart werden die Beine sehr belastet. Beim Springen müssen die Gelenke und Sehnen der Vorderbeine beim Aufkommen auf den Boden das gesamte Gewicht von Pferd und Reiter abfangen. Und Dressurpferde müssen sich in den Hanken biegen, um sich wirklich zu versammeln. Das beansprucht ihre Hinterbeine und Gelenke sehr.

Als Hanken bezeichnet man den Bereich von Hüft-, Knie- und Sprunggelenk. Wenn ein Pferd sich in den Hanken biegt, nimmt es mit der Hinterhand mehr Gewicht auf.

Die Gänge deines Pferdes haben viel damit zu tun, wie bequem es zu reiten ist, wie leistungsfähig es ist und für welche Disziplinen es sich eignet. Wenn du verschiedene Pferde auf der Weide und unter dem Sattel beobachtest, wirst du feststellen, daß manche kurze Tritte machen, während andere ihre Beine weit nach vorne bewegen und fast zu schweben scheinen. Manche Pferde nehmen ihre Beine höher, andere machen längere und flachere Schritte. Es gibt Pferde, die auch nachts in einem Geröllfeld keinen falschen Tritt machen würden, und andere, die bei hellem Tageslicht über ihre eigenen Beine zu stolpern scheinen.

Viele dieser Qualitäten oder Mängel hängen mit der Rassezugehörigkeit, dem Körperbau und der Aufzucht eines Pferdes zusammen. Manches hat seine Ursache im Reiten und in der Reitweise, in der Koordination und der Balance des Pferdes oder in der Art und Weise, wie es sich gewohnheitsmäßig bewegt.

Nun kannst du aus einem Hannoveraner keinen Isländer machen, und ein Andalusier wird von Natur aus höhere Tritte haben als ein Englisches Vollblut. Aber du kannst die Koordination deines Pferdes verbessern und mit ihm erkunden, wie es seine Beine effektiver gebrauchen kann. Auch wenn dein Pferd schon gut geht, kann es immer noch etwas dazulernen.

„Ein guter Reiter lernt nie aus", heißt es. Ein gutes Pferd auch nicht!

MEHR ALS NUR HUFE AUFHEBEN

Meistens beschäftigen wir uns nur mit den Beinen unseres Pferdes, um die Hufe auszukratzen, wenn der Schmied kommt, oder wenn es sich verletzt hat. Viele Pferde heben die Hufe, sobald man nur das Bein berührt. Das ist zwar gut gemeint, aber wenn einmal ein Verband nötig ist, stehen solche Pferde nie still und hampeln unentwegt herum.

Sprechende Hände

Klar – sie wissen oft gar nicht, was sie eigentlich tun sollen!
Ein gut erzogenes Pferd sollte sich an den Beinen anfassen
lassen und dabei ruhig stehen bleiben, bis es von dir aufge-
fordert wird, den Huf zu geben: Du fährst mit der Hand
das Bein hinunter und drückst kurz oberhalb des Fesselkopfes auf den Seiten der Sehnen kurz zu. Gleichzeitig
ziehst du leicht nach oben und sagst laut und deutlich:
„Gib Huf" – oder welches Kommando du eben ge-
brauchst.

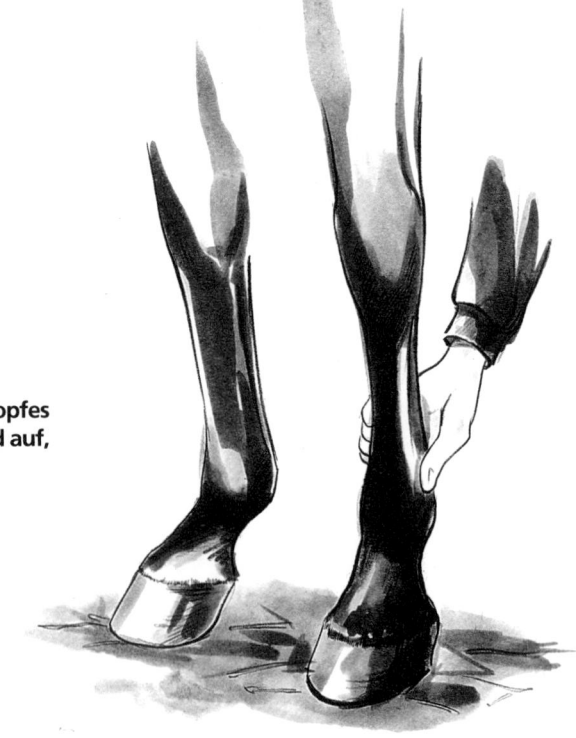

Durch sanften Druck
oberhalb des Fesselkopfes
fordert man ein Pferd auf,
den Huf zu heben

Sprechende Hände

Oft lehnen sich Leute gegen ihr Pferd, damit es das Gewicht auf das andere Bein verlagert. Bitte tu das nicht! Denn so lernt dein Pferd, daß es sich auch an dich lehnen darf. Und wer sich einmal ein junges Mädchen vorstellt, an das sich ein Holsteiner von 170 Zentimetern Stockmaß lehnt, der kann sich leicht ausmalen, wie das endet!

Hast du dir je Gedanken darüber gemacht, wie *du* eigentlich stehst, wenn du die Hufe aufhebst?

Hier kannst du gleich zwei verschiedene Möglichkeiten ausprobieren. Dazu brauchst du wieder deine Freundin, die dein Pferd spielt. Sie soll auf beiden Beinen stehen und sich am besten mit einer Hand an der Wand abstützen oder irgendwo festhalten, damit sie als „einbeiniges Pferd" nicht das Gleichgewicht verliert.

1. Du drückst die Knie fest durch, machst den Rücken rund und hebst so das Bein deiner Partnerin. Nun soll sie ihren Fuß nach unten drücken, damit du mehr Gewicht in deinen Händen spürst. Dann soll sie ein Pferd spielen, das nicht still steht, und ein bißchen herumzappeln. Gar nicht so leicht, da stabil stehen zu bleiben, nicht wahr? Und den Rücken belastet das Ganze auch!

2. Nun beugst du die Knie, läßt den Rücken gerade und probierst die gleiche Übung noch einmal. Du wirst sehen, daß du so viel stabiler und sicherer stehst und deinen Rücken nicht überanstrengst. Du kannst das Bein deiner Freundin sogar so halten, daß du die Ellenbogen auf deinen Oberschenkeln abstützen kannst.

Es ist wichtig, daß du selbst gut und bequem stehst und tief und gleichmäßig atmest, wenn du mit den Beinen deines Pferdes arbeitest. Denn wenn du dich nicht wohl fühlst, spürt dein Pferd das und wird unruhig. Es ist ja auch nicht der Sinn der Sache, daß dein Pferd sich zwar besser bewegt, aber dir dafür der Rücken weh tut!

3. Nun probiere mit deiner Freundin aus, was ich immer wieder zu Beginn meiner Kurse und auch in Reitschulen sehe: Jemand hält den Huf auf, kratzt ihn aus – und läßt ihn einfach fallen! Mach das ein paarmal mit dem Bein deiner Freundin und frage sie, wie sich das anfühlt.

4. Nun nimmst du wieder ihr Bein hoch, aber diesmal setzt du es langsam und behutsam ab. Du begleitest ihr Bein mit deinen Händen, bis es auf dem Boden angekommen ist. Frage deine Freundin, was ihr besser gefällt und bei welcher Art sie das Gefühl hat, daß du mit ihr achtsam und feinfühlig umgegangen bist!

Dann tauscht ihr, und du kannst das Pferd spielen!

So vorbereitet, kannst du mit deinem Pferd arbeiten. Nimm einen Vorderfuß auf und versuche ihn ganz langsam wieder zum Boden zu bringen. Manche Pferde werden versuchen, dir das Bein aus der Hand zu reißen. Sie sind es nicht gewohnt, das Bein so langsam zum Boden zu senken. Besonders schwer fällt ihnen das, wenn sie in den Schultern und im Rücken verspannt sind. Wie beim Kopfsenken kann es auch hier schwierige Bereiche geben. Aber habe Geduld! Dein Pferd wird verstehen, was du von ihm möchtest. Es lernt, seine Beine in feinen, kleinen Schritten zu bewegen.

Das gleiche gilt natürlich auch für das Heben des Hufs. Nimm ihn langsam hoch und versuche herauszuspüren, welche Höhe deinem Pferd angenehm ist. Wo kann es sein

Mit geradem Rücken und abgewinkelten Beinen stehst du stabil und sicher

Gleichgewicht am besten halten? Wo werden seine Gelenke nicht übermäßig stark gebogen? In welcher Haltung wirkt es am zufriedensten?

Die meisten Menschen gehen nur von sich aus und überlegen sich nicht, wie sie es ihrem Pferd leicht machen können, die Hufe zu geben.

Es gibt unsichere Pferde, die erst einmal den Hinterhuf unter den Bauch ziehen. Das ist eine Schutzhaltung. Gehe einfach in dieser Bewegung mit, dann kannst du den Huf langsam weiter nach außen bringen, wenn dein Pferd dazu bereit ist!

DEN HUF MIT DER SPITZE ZUM BODEN AUFSETZEN

Das ist bei den Vorderhufen eine Bewegung, die kein Pferd von Natur aus macht oder kann. Und genau deshalb kann es dadurch und daran so viel lernen!

Am Ungewohnten kann man besonders viel lernen. Neue Nervenbahnen werden benutzt, und deinem Pferd wird plötzlich eine ganz neue Möglichkeit bewußt, wie es sein Vorderbein gebrauchen kann.

Sprechende Hände

Als Vorübung dazu kannst du den Huf wie gewohnt aufheben und mit der einen Hand den Fesselkopf halten. Mit den vier Fingern der anderen Hand umgreifst du den Huf von außen, während der Daumen innen am Huf liegt. Nun kannst du langsam die Fesselbeuge strecken und beugen. Mach die Bewegungen nur so groß, daß sie dem Pferd noch leichtfallen. Du mußt aufhören, noch bevor du den Widerstand deines Pferdes spürst. Wie beweglich ist dein Pferd im Fesselgelenk, wie kann es sich hier beugen und strecken?

Nun kannst du den gebeugt gehaltenen Huf langsam zum

Durch sanftes Strecken und Beugen des Fesselgelenks kannst du dein Pferd auf das Aufsetzen des Hufes vorbereiten

Boden bringen und dann so absetzen, daß er mit der Spitze den Boden berührt. Das entlastet und dehnt die Schulter und den Rücken. Um diese Entlastung noch zu verstärken, kannst du mit einer Hand von oben auf den Fesselkopf drücken und mit der anderen von oben auf das Karpalgelenk. Aber sachte! Nur so leicht, daß es deinem Pferd angenehm ist! Deine Freundin kann sehen, wie diese Bewegung die Schulter dehnt und bis in den Rücken hinein wirkt.

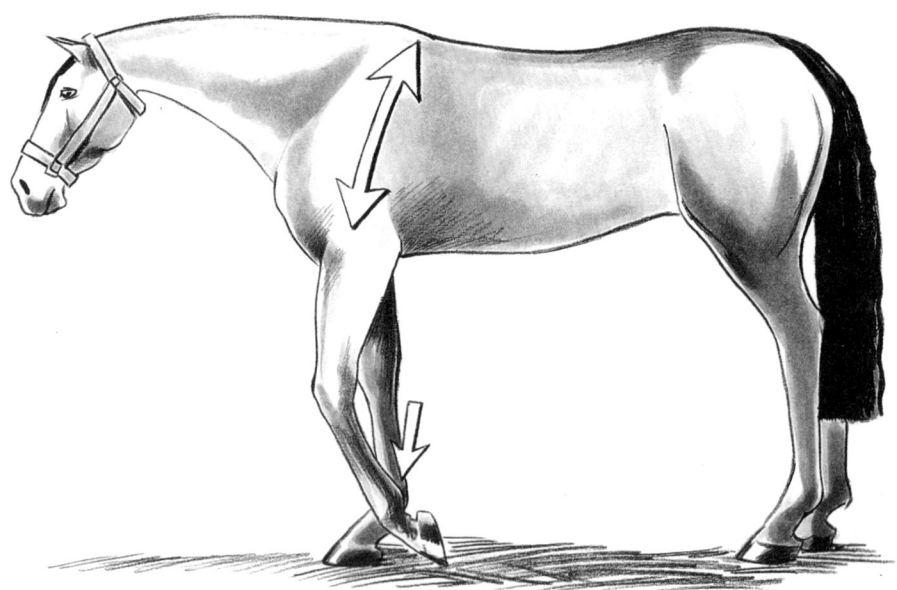

Wenn ein Vorderhuf mit der Spitze zum Boden aufgesetzt wird, dehnen sich Schulter und Rücken des Pferdes

Sprechende Hände

Um die Entlastung der Schulter zu verstärken, kannst du mit einer Hand
ganz sanft von oben aufs Fesselgelenk drücken

Deine Hände und diese Bewegung sagen deinem Pferd:
„Schau, das ist etwas ganz Neues. Du kannst deinen Huf
auch so gebrauchen. Spürst du, wie deine Schulter tiefer
und der Rücken länger wird? All diese Möglichkeiten stehen dir zur Verfügung! Du hast viel mehr Bewegungsmöglichkeiten in deinen Vorderbeinen, als du glaubst!"

DAS VORDERBEIN NACH VORNE NEHMEN

Führe auch diese Übung bitte zuerst mit deiner Freundin aus. Gehe in den Vierfüßlerstand und lasse deine Freundin einen deiner Arme langsam nach vorne ziehen. Spüre, wie deine Schulter sich dabei bewegt. Fühlst du, wie das Schulterblatt über die Rippen gleitet? Du solltest nicht das Gefühl haben, daß sie an deinem Arm zerrt, sondern daß sie ihn unterstützt, damit du ausprobieren kannst, wie weit du ihn nach vorne strecken kannst. Du solltest spüren, daß

Indem du ein Vorderbein sanft nach vorne ziehst, zeigst du deinem Pferd eine ganz neue Möglichkeit, sich selbst zu spüren

sie dir das Angebot macht, neue Bewegungsmöglichkeiten auszuprobieren, nicht aber, daß sie Zwang ausübt.

Nach dieser Vorbereitung kannst du nun das gleiche mit deinem Pferd ausprobieren. Dabei nimmst du das Vorderbein hoch, hältst es mit beiden Händen am Fesselgelenk und ziehst es langsam nach vorne – so weit, wie es deinem Pferd leichtfällt. Versuche, die angenehmste Höhe und den besten Winkel für dein Pferd zu finden, um es ihm leichtzumachen, diese Bewegung auszuführen.

Es geht nicht darum, deinem Pferd mit Kraft das Bein zu strecken! Du kannst ihm nur das Angebot machen, zu erfahren, wie weit es sein Bein nach vorne strecken kann. Es gibt Pferde, die darüber richtig erstaunt sind und ihr Bein anschauen und beschnobern, als wüßten sie gar nicht, wo es auf einmal herkommt.

Es ist auch hier wieder wichtig, daß du gut stehst und dich selbst nicht verkrampfst. Diese Übung gibt deinem Pferd eine neue Möglichkeit, sein Vorderbein zu bewegen. Ganz wichtig ist es, daß du diese Bewegung mit deinem Pferd nicht wie Gymnastik oder Streckübungen durchführst. Es geht nicht um das Dehnen und Strecken oder darum, Muskeln zu kräftigen. Dein Pferd soll die Möglichkeit haben, sich selbst auf eine neue Art und Weise wahrzunehmen und zu spüren, daß es neue Möglichkeiten hat. Bitte mache diese Übung auf keinen Fall mechanisch, sondern sei mit deiner Aufmerksamkeit ganz dabei.

Deine Hände sagen: „Schau mal, bis hierhin kannst du dein

Bein bewegen – wußtest du das? All das steht dir zur Verfügung, und du kannst dieses Potential nutzen!"

Es gibt verschiedene Möglichkeiten, mit den Vorderbeinen zu arbeiten. Hier ist noch eine andere Art: Du nimmst das Vorderbein wieder nach vorne, hältst es aber mit beiden Händen unter dem Karpalgelenk, so daß der Huf und das Röhrbein frei herunterhängen. Gib auf deine Zehen acht! Es ist wichtig, daß deine Füße relativ weit auseinander stehen. Es kann nämlich sein, daß dein Pferd das Bein plötzlich nach unten reißt. Dann sollte es möglichst nicht genau auf deinen Zehen landen, oder? Also bringe sie lieber vorsichtshalber in Sicherheit.

In dieser Position kannst du sehr gut mit der Schulter arbeiten. Schau, wie die Schulter sich bewegt, wenn du das Bein ein wenig nach vorne nimmst! Alle Bewegungen, die du so mit dem Pferdebein durchführst, wirken direkt auf die Schulter: Sie bewegt sich mit. Und das ist für sie ungewohnt. Normalerweise bewegt ja die Schulter das Bein, nicht wahr? Dieses Bewegungsmuster drehst du nun um, indem du die Schulter durch das Bein bewegst. Die Rolle der Schulter verändert sich also vom aktiven Bewegen zum passiven Bewegtwerden.

Dadurch können sich alte Muster und Blockaden auflösen, und es kann sein, daß dein Pferd seine Schulter nun wesentlich freier bewegen kann. Diese Übungen helfen Pferden, ihre Schritte zu verlängern und weiter auszugreifen.

Sprechende Hände

Bei dieser Übung wird die Schulter
durch das Bein bewegt –
normalerweise ist es umgekehrt

DAS VORDERBEIN NACH HINTEN NEHMEN

Für diese Übung kannst du so stehen, daß du nach vorne
schaust, oder aber so, daß du nach hinten blickst. Du hebst
den Huf wie zum Hufeauskratzen auf und umfaßt mit der
einen Hand das Karpalgelenk und mit der anderen das Fesselgelenk.

Du kannst in dieser Position verschiedene Dinge ausprobieren:

1. Wie weit kannst du das Bein leicht nach hinten bewegen?

2. In welchem Radius kannst du mit dem Bein einen kleinen Kreis beschreiben? Wie weit kannst du das Bein nach innen und nach außen bringen, ohne daß es deinem Pferd unangenehm ist?

3. Innerhalb dieser Grenzen suchst du nun die Stelle, an der du das Bein ganz leicht bewegen kannst. Es soll nur eine kleine Bewegung sein, die aber weich, flüssig und frei ist. Dein Pferd kann so spüren, welch feine und leichte Qualität der Bewegung ihm möglich ist.

DIE HINTERHAND

Du kannst selbstverständlich ähnliche Bewegungen auch mit der Hinterhand üben. Dadurch wird das Verhältnis von Bein, Becken und Hüftgelenk geklärt und um neue Bewegungsmöglichkeiten bereichert. Normalerweise kommt der Impuls zur Bewegung vom Becken und vom Hüftgelenk. Nun werden Becken und Hüftgelenk durch das Bein bewegt. Diese Art der Arbeit ist eine der Grundideen der Funktionalen Integration, die von Moshe Feldenkrais entwickelt wurde.

Sprechende Hände

Wichtig ist, daß du dir darüber im klaren bist, was du mit deiner Arbeit bewirken möchtest und welche Absicht dahintersteckt.

Auch wenn ich nichts laut sage, so denke ich bei meiner Arbeit immer leise mit: „Siehst du, hier ist dein Hinterbein. Und jetzt schau mal, nun bewegt dein Bein das Hüftgelenk, nicht umgekehrt. Ist das nicht interessant? Spürst du, wieviel freier dein Hüftgelenk sein kann?"

So etwas denke ich, wenn ich mit einem Pferd an seiner Hinterhand arbeite.

Es ist auch hier wichtig, nur so weit zu gehen, wie dein Pferd es zuläßt. Versuche nie, etwas mit Kraft zu erzwingen! Wenn dem Pferd etwas weh getan hat, wird es diese Bewegung niemals freiwillig wiederholen – es hat also nichts gelernt. Und jedesmal, wenn es die Bewegung doch wiederholen muß, wird es sich an das unangenehme Gefühl erinnern, das es mit dieser Bewegung verbindet. Das Gefühl und die Bewegung sind also in seiner Erinnerung negativ miteinander verbunden.

Das gleiche gilt aber auch umgekehrt: Wenn das Lernen Spaß macht und die erste Lernerfahrung mit einem positiven Körpergefühl verbunden ist, wird das Pferd sie gerne wiederholen. Mit dem Gelernten sind dann ja nur positive Gefühle verknüpft.

Sprechende Hände

Lernen sollte möglichst angenehm sein und Spaß machen – dann fällt es leicht, und man wendet das Gelernte gerne an!

Lernen kann man nicht nur durch ständige Wiederholung! Wenn man mit seinem ganzen Wesen am Lernprozeß beteiligt ist und dabei eine angenehme Erfahrung macht, kann Lernen auch augenblicklich geschehen. Sicher kennst du das: Du hörst ein Lied im Radio und tanzt ein bißchen dazu – und plötzlich geht dir die Melodie nicht mehr aus dem Kopf. Du hast sie einfach gelernt, ohne es zu wollen! Die Cheyenne-Indianer haben eine sehr interessante Vor-

Das Hüftgelenk wird durch das Bein bewegt.
Auch das ist eine neue Erfahrung für das Pferd

stellung davon, wie sie Lieder lernen: Sie stellen sich die Lieder vor wie Pferde. Sie „lernen" sie also nicht, sondern „fangen sie ein". Und das geht schnell!

Auch Pferde können augenblicklich lernen. Wie bei uns Menschen gibt es solche, die schnell lernen, und andere, die langsam lernen. Wenn dein Pferd schnell lernt, dann langweile es nicht mit ewigen Wiederholungen von Dingen, die es sowieso schon kann. Wenn es aber langsam lernt, dann habe Geduld mit ihm. Es wird seine Lektion schon begreifen. Und wenn es sie einmal gelernt hat, dann sitzt sie dafür um so besser.

Ich hoffe sehr, daß ich dir mit diesem Buch eine Grundlage gegeben haben, auf der du die Beziehung zu deinem Pferd ausbauen kannst. Der Zweck dieses Buches ist erfüllt, wenn du zu deinem Pferd einen Kontakt entwickeln kannst, der euch beide bereichert. Ich wünsche dir und deinem Pferd viel Spaß beim Lernen – denn in einer guten Beziehung lernt man immer wieder dazu und entwickelt sich gemeinsam weiter.

Adressen

Wer Unterricht im sanften Umgang mit Pferden nehmen möchte, kann sich an folgende Adressen wenden:

Deutschland:

Maria Brosche
Forstäckerhof
D-85095 Denkendorf
Telefon: 0 84 66/83 09

Cornelia Dick
Im Bohrer 9
D-79289 Horben
Telefon: 07 61/29 01 53

FS-Testzentrum Reken
Frankenstraße 37
D-48734 Reken
Telefon: 0 28 64/24 34

Maja Huber
Kirchstraße 53
D-79100 Freiburg
Telefon: 07 61/7 19 81

Schweiz:

Katharina Meyer
Aebnit 80
CH-3614 Unterlangenegg
Telefon: 0 33/53 21 74
oder 0 33/35 45 40

USA:

Andrea Pabel
P. O. Box 735
Taos, New Mexico 87571
USA
Telefon (von Deutschland aus): 0 01/5 05/7 58 90 33

Linda Tellington-Jones
P. O. Box 3793
Santa Fe, New Mexico 87501
USA
Telefon (von Deutschland aus): 0 01/5 05/4 55 29 45

Danksagung

Ich möchte mich hier nochmals bei meinen Eltern bedanken, die es mir ermöglicht haben, mit fünf Jahren reiten zu lernen und mit Pferden aufzuwachsen.

Stellvertretend für alle Pferde, von denen ich so viel lernen durfte, danke ich hier meiner ersten Islandstute Freica und ihrer Tochter Lia von Herzen.

Ich möchte auch meinen zweibeinigen Lehrern danken, die meine Arbeit und mich geprägt haben: Karlfried Graf Dürckheim, Charlotte Selver und vor allem Moshe Feldenkrais, dessen Methode die Basis meiner Arbeit ist.

Auch meinen Freundinnen und Kolleginnen Katharina Meyer und Maria Brosche danke ich für die jahrelange Zusammenarbeit, Inspiration und unseren Gedankenaustausch.

Besonderer Dank gebührt meiner Lehrerin Linda Tellington-Jones, die sich die Mühe gemacht hat, dieses Manuskript zu lesen und das Vorwort zu schreiben. Ohne sie und ihre Arbeit wäre dieses Buch nicht entstanden. Für alles, was ich von ihr gelernt habe, ihr ständige Unterstützung und die Entwicklung der TTEAM-Methode und der Animal Ambassadors (Botschafter der Tiere) sei ihr auch im Namen aller Pferde ganz herzlich gedankt.

Andrea Pabel, Taos, im Frühjahr 1995

Die Autorin

Andrea Pabel wurde in Karlsruhe geboren. Sie ist Feldenkraislehrerin und wurde von Linda Tellington-Jones in der TTEAM-Methode ausgebildet. Bekannt wurde sie durch mehrere Kinder- und Jugendbücher, Erzählungen und Kurzgeschichten. Andrea Pabel lebt heute in Taos, New Mexico.

Sachregister

Wissen rund um Pferde – Bücher für Pferdefreunde

In diesem Buch werden die wichtigsten Berufe rund um Pferde vorgestellt:
Welche Voraussetzungen muß man erfüllen, wie sehen Ausbildung und Berufsalltag aus, und welche Weiterbildungsmöglichkeiten gibt es?

Alles über die Pflege von Pferden: Wieviel Pflege brauchen Pferde? Was benötigt man zum Pferdeputzen? Ausführlich wird beschrieben, wie man Pferde richtig pflegt – von der Hufpflege über das Striegeln, Bürsten und Waschen von Pferden bis hin zur Schönheitspflege.

Ein Buch über den sanften und einfühlsamen Umgang mit Pferden. Die Autorin, die von Linda Tellington-Jones in der TTEAM-Methode ausgebildet wurde, erklärt ausführlich, wie man Pferde besser kennenlernt und durch sanfte Einwirkung Verspannungen und Probleme löst.

Der bekannte Pferdetierarzt Dr. Maximilian Pick schildert in diesem Buch die wichtigsten Pferdekrankheiten: Welche Krankheitsanzeichen treten auf, welche Behandlungsmöglichkeiten gibt es, und wie kann man vorbeugen? Dazu viele Informationen über pferdegerechte Haltung und Fütterung!

SACHBÜCHER FÜR PFERDEFREUNDE

EDEL MARZINEK-SPÄTH

Ich lerne reiten

SCHRITT FÜR SCHRITT ZUM GUTEN REITER

Das Abc des Reitenlernens – von der ersten Longenstunde bis zu einfachen Prüfungen und Wettbewerben. Ein Buch für die Praxis!

UTA OVER

So verstehst du dein Pferd

Alles über das Verhalten von Pferden, ihre Körpersprache und den richtigen Umgang mit ihnen. Der Schlüssel zum wahren Pferdeverständnis!

HOLGER HECK

Ich lerne Pferde kennen

Welches Pferd paßt zu mir?

Ein Buch über die Entwicklung der verschiedenen Pferdetypen und die Beurteilung von Pferden. So lernt man Pferde besser kennen!

CHRISTINE LANGE

Freizeit mit Pferden
So wirst du sattelfest

Alles rund ums Freizeitreiten – von der Ausrüstung über das richtige Verhalten im Gelände bis hin zu Reiterferien. Freizeitreiten – leicht und sicher!